Thomas Aquinas

易杰雄 主编
江作舟 靳凤山 著

经院哲学之王者
阿奎那

全国百佳图书出版单位
时代出版传媒股份有限公司
安徽人民出版社

图书在版编目（ＣＩＰ）数据

经院哲学之王者——阿奎那 / 江作舟,靳凤山著. —合肥:安徽人民出版社,
2016.12

（传记读库）

ISBN 978－7－212－09464－5

Ⅰ.①经…　Ⅱ.①江…②靳…　Ⅲ.①托玛斯·阿奎那（Thomas，Aquinas，
Saint 1225－1274）—传记　Ⅳ.①B503.21

中国版本图书馆 CIP 数据核字（2016）第 304297 号

经院哲学之王者——阿奎那
JINGYUANZHEXUE ZHI WANGZHE——AKUINA

易杰雄　**主编**　江作舟　靳凤山　**著**

出 版 人:朱寒冬　　　　　出版策划:朱寒冬　　责任编辑:张　旻　郑世彦
出版统筹:徐佩和　黄　刚　　责任印制:董　亮　　装帧设计:程　慧
　　　　　李　莉　张　旻

出版发行:时代出版传媒股份有限公司 http://www.press-mart.com
　　　　　安徽人民出版社 http://www.ahpeople.com
地　　址:合肥市政务文化新区翡翠路 1118 号出版传媒广场八楼　邮编:230071
电　　话:0551－63533258　　0551－63533292（传真）
制　　版:合肥市中旭制版有限责任公司
印　　刷:合肥中德印刷培训中心印刷厂

开本:710mm×1010mm　　1/16　　印张:15　　字数:155 千
版次:2016 年 12 月第 1 版　　2017 年 1 月第 2 次印刷

ISBN 978－7－212－09464－5　　　　定价:27.00 元

三版总序

易杰雄

　　这是我于 2001 年出版的一套丛书,中间还有多次印刷。近些年,我连续应邀给安徽人民出版社和江苏人民出版社出了几套思想家的传记——《世界十大思想家》《千年十大思想家》《现代世界十大思想家》丛书,影响和销路还很不错。从影响上看,有的还荣获了华东地区优秀图书政治理论图书一等奖,第五届全国图书"金钥匙"奖二等奖。有的出版后,《北京晚报》、北京人民广播电台还以"《世界十大思想家》风靡海内外为题"报道了它受社会欢迎的情况。就销路看,有的出版后,台湾买了它的版权。新疆人民出版社还以蒙古族、哈萨克族、维吾尔族等少数民族文字出版。

　　为什么一套思想家的丛书能一而再地多次再版呢?这可能因为我国人民认识到"一个民族要想站到科学的高峰,就一刻也不能没有理论思维"。正如人类的创新巨匠爱因斯坦在总结自己作出重大科研成果时所讲的,"创立一门理论,仅仅收集一下记录在案的现象是远远不够的,还必须有深入事物本质的大胆的、创造性的思维能力",因此,"不应该仅仅满足于研究那些从属于事物现象的表面原因,相反,他应该进而采取推理的方法,探讨事物的根本实质"。还说,"如果我们探讨得愈是深入,我们的理论所包含的范围愈是广大"。我们之所以科技创新少、发展慢,与我们这个民族的思维特征有关。

我们这个民族是很聪明的,但这种聪明和智慧主要表现在具有很强的感性直观的能力上,表现在凭直觉正确地把握事物的能力上。之所以这样,是具有深刻的历史和社会根源的。

第一,从中西文化奠基人不同的出身背景看他们怎样造成了中西文化的根本不同。

西方文化奠基人与后续者从苏格拉底、柏拉图、亚里士多德都有两个异常明显的特点:一是基本上都是贵族出身,可以无生计之忧而潜心于思辨的探究;除苏格拉底外,他们都是大科学家,他们可以以学术为乐趣,以求真为旨归,把人生的意义就归结为求知,把求知当道路,把是否在知识的大海洋中为人类作出贡献看作是人生的最大幸福。这实际上说明两个问题:只有吃饱、穿暖了,才能讨论玄而又玄的哲学。二是,古希腊哲学是在当时科学技术达到人类顶峰时产生的。他们不满足于宗教神话,想探讨天地万物的根源。这说明西言哲学从一开始就是与科学融为一体的。

还有一个问题,古希腊实行奴隶制民主,特别是雅典政制时期,在奴隶主内部,可以有相当民主,尤其讨论内容相当抽象的问题。

而我们再来看看中国文化奠基人的出身及其创立文化的背景。

我们中国的文化创始人为士人出身,家中鲜有恒产。孔子少贱,庄周家贫。他们生活在下层,看到的是人们劳苦一生,还是吃不饱穿不暖。所以,他们比一般人多学了一些东西,又不愿受苦受难甚至受到死亡的威胁,于是提出了"学而优则仕"。学好了,就去当官。实在当不了官,就做人家的幕僚、食客。这不仅可以温饱,还可以光宗耀祖。这种倾向,在"废拙百家,独尊儒术"以后就达到了极致。而中国历史上几次有可能使我们抽象思维能力得到提高的机会又白白错过了。

有人说我们不是出了屠呦呦吗?有国人得了诺贝尔奖,这确是值得大家骄傲的事。但我们如果实求是地看,这毕竟是属于实践科学的发明,而且它是很长时间的艰苦努力的结果,与爱因斯坦所作的科学发现是不同的。

说我们抽象思维能力不强,并不是说我们就没有抽象思维能力强的人,如陈景润等。还有很多到过西方学成归来的人,他们不仅在西方学到了人家先进的科学技术,还学会了西方学者严谨的科学态度和高超的抽象思维方法。特别是改革开放以后,我们党认识到,归根结底科学技术创新才是国家进步的根本。于是派出大量的学生出国学习。现在不少人学成归国,他们不仅业务拔尖,而且抽象思维能力也特别强。这就为我国的长远发展打下了坚实的基础。

第二,市场经济机制在中国历史上未能形成。自给自足的自然经济根本没有、也不可能向人们提出具有很高的、很复杂的抽象思维能力的要求。而西方有些国家之所以整个民族抽象思维能力都比较好,与他们在经济领域早就有了比较发达的、千变万化的、需要通过非常复杂的思维才能把握其规律和趋势的市场有关。

第三,很长一段时间,中国生产力发展水平比较低,对于包括主要肩负发展抽象思维能力的知识分子在内的绝大多数人来讲,要解决的还是温饱问题。亚里士多德曾十分正确地指出过:"只有一切必须的东西都具备以后——人们才开始谈哲学。"这也是中华民族哲学素养提高不快的原因。

当然,影响中国人抽象思维能力发展的方面还很多,这里就不再一一赘述。

努力提高国民的抽象思维能力,是提高国民素质的一个重要组成部分,也是促进中国社会飞速发展的具有重要战略意义的一项基础性工作。

思想家生活中那些最具魅力、最激动人心的事件,就是他们头脑中涌现出来的、形形色色的,使你为之倾折的思想。除了科学探索、新思想的形成与发展及其在社会上产生影响的过程外,可以说,他们没有别的传记。思想家共同的特点就是他们都是理论思维能力特别强的人。他们的传记对提高读者的理论兴趣和抽象思维能力无疑是有助益的。何况传记本身较之于专门的理论著作可读性强,这对于不是专门从事理论工作或对理论接触不多的人,尤其是如此。我们要尽可能地挖掘他们是如何发现这些思想的过程,这就可以使读者比直接读他的理论著作在理论思维训练方面更能受到启迪。

一个个划时代的大思想家,就犹如立在人类历史上的一盏盏航灯,是他们指明了人类历史的航程。所以,他们公正地受到了人类永久的铭记。

大思想家,不管他本人意识到与否,他的思想成就都是前人思想成果的合理的继承与发展,是根据他所处的时代的要求对当时现实所作的正确的概括与抽象。从这个意义上说,他们本人都是时代的产儿,他们的思想成果都是他们所处时代的精神的精华。按顺序系统地记录人类思想的大圣们的思想传记,就可以使我们懂得人类的思想认识是怎样从简单到复杂、从低级到高级发展到今天的。从而使我们清楚地认识到,在我们今天应该考虑什么,走怎样的历史必由之路。

大思想家,都有自己的特有的思想体系。这个思想体系都是由前人所有的方法都不能完全解决当时所面临的问题才产生出来的。它本身总是为适应需要提供了新的方法。尽管当时所解决的问题早已成为过去,这些方法也难免有其局限性,有的因新的、更有生命力的方法的出现也会被淘汰,但是新的方法并不是完全抛弃它们,而是以扬弃的形式把它们包含在自身中,就像高等数学并不排斥初等数学一样。因此,读思想家的传记、掌握他们为人类社会前进提供的各种新的工具,对于我们也是一项意义极为重大的事情。

大思想家,几乎无一例外都是那些社会责任心很强的、极富进取精神和牺牲精神、道德品质高尚的人。他们都有一个共同的特点,就是热爱人类,关心人类的命运,希望人类能生活得更好。他们之中不少人既不追求功名,也不攫取权力,更不贪图钱财,甚至连爱情都不能使他们受到无端的干扰。他们一辈子都在为人类的解放专心致志、孜孜不倦地研究学问。他们的一生,就是探索的一生、精神世界不断发展的一生。我们读他们的传记,就会被他们气吞山河的凌云壮志、坚忍不拔的奋斗精神和感人肺腑的高尚情操所感染,从而在怎样做人方面得到有益的启示。

大思想家,无一例外都是他那个时代最博学、最深刻、最优秀的人。他们的著作,是他们对人类思想成果和自己人生的总结,是历史的积淀和时代的精华,是由闪光的思想和珠玑的词句凝练成的世界文化的瑰宝。根据他们的著作和生平写出的他们的学术传记,更是他们一生的思想珍品的集萃。它能使你丰富感情,净化灵魂,增加知识,深化思想。你可由它明确方向,增强信心,获得力量,受到鼓舞。你遇到挫折的时候读它,圣哲们会耐心地安慰你,给你出主意,帮助你摆脱困境;你成功时读它,圣哲们会劝你谦虚谨慎,引导你避开人生道路上的一个又一个暗礁,从胜利走向另一个胜利。每当你读它的时候,就会感到自己身处在一个个伟大学者面前,仰望着他们的丰采,沐浴着他们的深情,听着他们的教诲,分享着他们成功的欢乐,并与他们分担着失败的痛苦,吸取着他们的人生经验,从而感到一种最好的人生享受。

金无足赤,人无完人。世界著名思想家也不例外。他们每个人也都有他们各自的时代的、阶级的局限,有他们自己的弱点、缺点和不足,有些缺陷还像他们的杰出的思想成就那样严重。就是他们的思想成就本身也难免有局限性和片面性。为了全面介绍思想家的思想,我们也秉持必要的态度,用马克思主义的立场、观点和方法为指导作分析性的论述的。尽管所有这些分析不可能尽如人意,不过我们相信,长期受马克思主义思想教育的广大读者的理论修养一定能弥补我们的不足。

这些大思想家都对人类思想发展过程发生过而且还在继续发挥着重大的影响。他们整个思想体系和总的思想倾向在社会生活中的作用是如此，他们的大量一反传统的、脱离常规的、几乎是人们意料之外的具体观点也是如此。当时在人们看来是那么荒诞不经，因而遭到了社会的普遍反对，他们本人甚至因此受到孤立、政治上的迫害乃至人格侮辱，而这些认识后来却被社会上越来越多的人接受了，甚至成了人们行为的准则和判别事物的标准。有些看法，我们今天看来，尽管仍有片面性，但其中确实又包含着具有重大意义的合理思想，而在思考问题的角度上也给我们以启迪。所以，比较系统地了解他们所想所做的，同样是对掌握人类文化遗产不可缺少的，对于我们提高理论思维能力同样重要。

天才本身就孕育着妒贤嫉能者的敌意与庸碌之辈的难于理解和接受。纵观人类思想发展史，几乎没有一个大思想家的生活是很顺当的。生前，由于他们提出了惊世骇俗、空前深邃的思想，总是不断遭到人们的非议、攻击或故意的冷淡。当他们逐步受到社会的认同、得到崇高威望后，人们又往往出于对自身利益需要，或诋毁他们的为人、千方百计把他们搞成仿佛是与社会相对立的怪物，或把他们捧为至尊至圣、不容有不同看法的神。我们在写作过程中，注意尽可能地排除偏见，遵循客观主义原则，在对他们的阐述和分析过程中，坚持实事求是地还他们的本来面目。实践证明，这样的做法，读者是欢迎的。不用说，书中也到处体现着作者们的态度和看法。作为主编，我认为这对严肃的科学著作不仅是允许的，而且是必要的、值得称道的。所以我并不强求与我本人的看法完全一致。同样，对此，读者也完全可以有自己的不同看法。

写作过程中，我们坚持贯彻介绍思想历程与丰富的人生的其他方面相结合，以介绍他们的思想历程为主；坚持科学性、准确性和可读性相结合，以科学性、准确性为主；在写他们的思想历程时，又坚持他们的思想形成过程与思想成就相结合,在保证重大思想成就不遗漏的前提下以介绍他们的创造思想是怎样产生、形成和发展的为主。我们希望这套丛书的再版,能一如既往地对提高我国人民,特别是提高广大青年读者对理论的兴趣、抽象思维能力、思想史方面的知识以及道德修养能起到一定的作用。

有思想巨人　才有国家富强

易杰雄

随着科学技术在经济增长中的贡献率的不断加大,人们越来越清楚地认识到,当今世界国与国之间的竞争,表面上看是综合国力的较量,但归根到底是知识总量、人才素质和科技实力的竞争,实质是创新的竞赛。

然而,怎样才能有许多重大创新的不断涌现,现代科学技术的飞速进步呢?

1953 年,天才的物理学家、伟大的思想家爱因斯坦在总结中国为什么没有近代科学,而西方的近代科学却发展飞快时指出:"西方科学的发展是以两个伟大的成就为基础的,那就是西方哲学家发明的形式逻辑体系(在欧几里德几何中),以及通过系统的实验发现有可能找出因果关系(在文艺复兴时期)。在我看来,中国的贤哲没有走上这两步,那是用不着惊奇的。令人奇怪的倒是这些发现(在中国)全部做出来了。"①

有人不同意爱因斯坦这一说法,理由是中国在科学技术方面也曾

---

① 《爱因斯坦文集》第 1 卷,商务印书馆 1976 年版,第 574 页。

在全世界领先过 1000 多年。我觉得这与爱因斯坦的上述结论并不矛盾：中国古代的科学属于经验科学——如四大发明，是在逻辑的东西和系统实验不发达的情况下可以作出的。而近现代科学没有这两个前提是不行的。

在这里，特别值得我们注意的是，爱因斯坦没有把一个国家的科学技术落后归罪于政治家对其不重视，也没有责怪企业家缺乏远见，未能加大对科技事业的风险投资，甚至没有怪罪科技工作者创新能力差，而认为这是由于该国的哲学家、思想家未能为社会提供好的思维方式和正确的价值取向。

这种说法尽管有不少值得商榷之处，如上述几方面与一个国家科学技术发展之间的关系，把逻辑仅仅归结为形式逻辑等。但我认为，他强调哲学家、思想家对科学技术的发展、社会进步的重大作用，方向无疑是正确的，而且这一思想也是很深刻的。

从认识的形成来说，当然是先有实践，后有认识（这只是大致上讲，因为实践本身就包含着认识，是受思想支配的）。但从认识的指导作用来看，方向则相反，有了正确的认识总要用于指导实践，认识在一定条件下反过来决定实践的内容、方式和过程。不用说，在认识指导实践过程中，原有的思想、认识和理论不符合实际，不完善的地方，在新的实践过程中会不断地暴露出来，及时得到纠正、补充、完善和发展。但旧唯物主义者和经验主义者们不懂得这个道理。在他们看来，没有实践哪有认识？思想、理论怎么能走到实践前面去？这些人的错误在于不知道历史过程、事物的发展是有规律的，是一个前后有联系的过程，而规律在一定条件下是反复出现重复起作用的。所以，从实践中获得的、只要是具有普遍性的，关于历史过程、事物发展的本质的规律的正确认识，它对以后的新的实践就具有指导作用。也正因为如此，人类的认识活动才有必要和有意义。这也是马克思主义哲学与一切旧哲学的主要区别之一。马克思说过：以往的"哲学家们只是用不

同的方式解释世界,问题在于改变世界"①。恩格斯也曾经说过:"正像
在十八世纪的法国一样,在十九世纪的德国,哲学革命也作了政治变
革的前导。"②这就是说,思想、观念并非都是消极地追随历史,它们可
以、也应当超越时代。

过去讲,"不怕做不到,就怕想不到"。这句话夸大了人的实践能
力,有主观主义、唯意志论倾向的问题。但其中也包含着一定的真理
性。这就是:要想做到,首先必须想到。其实,爱因斯坦的论述与恩格
斯的下述思想只是表达上的不同:"一个民族要想站在科学的最高峰,
就一刻也不能没有理论思维。"③一个民族哺育出来的大思想家、大哲
学家,是这个民族理论思维的领头羊,他们的见解如能获得尊重,他们
的创新思想如能被付诸实施,对社会无疑会起到一种巨大的牵引作
用。任何一个国家科学技术的繁荣、社会的飞速发展,无不是对其有
大思想家、对能理性行动的奖赏;而一个国家所以会停滞不前,无不是
对其由于缺乏大思想家,或不尊重他们,以为有了权就有了真理,为所
欲为,愚蠢地瞎折腾的惩罚。人类近代以来的历史发展就一再地在证
明这一点:谁想得少,谁犯错误就多,谁进步就慢。一个人是这样,一
个民族、一个国家也是这样。有思想巨人,才有国家富强!

日本学者汤浅光朝在英国著名科学家贝尔纳和丹皮尔研究成果
的启发下,对达姆斯特和赫旁萨编的《科学技术编年表》上所记载的
1501—1950 年间的重大科学成果做统计学研究,把凡是重大科学成果
数超过同期世界总数 25% 的国家,称之为"科学活动中心",把保持其
为"科学活动中心"的时期叫做"科学兴隆期"。由此他发现,近代以
来,科学活动中心,在世界上发生过这样五次大转移:

---

① 《马克思恩格斯全集》第 3 卷,人民出版社 1965 年版,第 8 页。
② 《马克思恩格斯全集》第 21 卷,人民出版社 1965 年版,第 305 页。
③ 恩格斯:《自然辩证法》,人民出版社 1972 年版,第 29 页。

1540—1610 年　　意大利

1660—1730 年　　英国

1770—1830 年　　法国

1810—1920 年　　德国

1920—　　　　　美国①

其实,如果把这些国家"科学兴隆期"前后的历史联系起来加以考察就不难发现,除了科学技术在世界上占领先地位外,他们在思想、观念上,也给人类提供了大量新的、影响深远的东西;政治、社会状况也曾一度成为全球关注的热点;经济活动也在一个时期内是全世界最出色的。由于这些原因,在一个时期内,它们曾先后是世界上最具影响力的国家,从这个意义上,也可以把它们称之为"世界的中心"。

这些"世界中心"形成的历史,清晰地展示出这样一条共同的道路:社会生产力发展到与原有的旧体制再也不能相容的地步时,一场大的思想运动逐步掀起,涌现出一大批为新时代奠基的思想巨人,他们以各种形式批判旧制度、旧思想,宣传新观念、新主张,为社会的继续进步、为新社会的诞生寻求道路,探索方法,制造舆论。深刻的思想运动,导致人们观念的根本改变。接着进行政治变革,推翻旧的政治制度,建立新的与社会进步方向一致的社会政治制度。政治变革的成功,又推动了科学、技术的进一步蓬勃发展,最终导致经济的空前繁荣。

意大利由于是第一个由中世纪向新时代转变的国家,它当时面对的封建势力太过强大,强大的封建势力不容许它走自己的路,联合起来反对它,因此它所走的道路尚未达到典型的形式。即便如此,这样

---

① 陈文化著:《科学技术发展计量研究》,中南工业大学出版社 1992 年版,第 231－232 页。

的一般趋势也初步表现了出来。

14 世纪,在生产力发展、城市兴起、封建制度由于成了社会进步的严重桎梏而逐渐解体的基础上,意大利首先爆发了一场历时 300 年、声势浩大、广泛而又深刻的思想运动,这就是后来征服了全欧洲、至今在世界上仍有广泛影响、在当时使意大利成了世界文化中心的文艺复兴运动。文艺复兴运动是资产阶级的思想解放运动,"这是一次人类从来没有经历过的最伟大的、进步的变革"[①]。由于在当时它反映了社会进步的要求,利用了许多反映人类要求进步的共同心声的口号,所以,它在一定程度上也具有全人类的、因而也是永恒的意义。当时"是一个需要巨人,而且产生了巨人,在思维能力、热情和性格方面,在多才多艺和学识渊博方面的巨人的时代"。一大批思想巨匠,如"文学三杰"——但丁、彼特拉克、薄伽丘;"艺术三杰"——达·芬奇、米开朗基罗、拉斐尔;人文哲学家、自然哲学家、政治思想家、教育家——瓦拉、皮科、彭波那齐、布鲁诺、库萨的尼古拉、马基雅弗利。他们以哲学上的变革为先导,高举"世俗文学"和"现世艺术"的大旗,高喊人文主义的口号,以"人"为本反对以"神"为中心的世界观,认为追求快乐和享受是人的本性和权利,是社会发展的动因。他们以尘世需要和情欲的论点对抗中世纪的禁欲主义,以个性自由发展的思想对抗封建专制和教会独裁。所有这些思想在他们的文学和艺术作品中或哲学、教育等著作中体现出来,有力地打击了封建意识,动摇了神学统治,使人们的思想从封建神学中解放了出来,为人类自身的智慧和才能的发展开辟了广阔的前程。尤其是达·芬奇,更是一位空前的、举世无双的天才。他不仅是天才的思想家、艺术家,还是那个时代最卓越的科学和工程技术天才。达·芬奇已经认识到:"醉心于实践,不要科学的人,好像一个没有舵或指南针上了船的舵手,他永远搞不清究竟漂向何方。"因

---

① 《马克思恩格斯选集》第 3 卷,人民出版社 1972 年版,第 445 页。

此他提出,"科学是统帅,实践是士兵"①。库萨的尼古拉、列奥纳多、布鲁诺更是划时代的大哲,他们不仅有着鲜明的唯物主义立场(虽然在当时常常不得不用泛神论的形式来表达),而且有着丰富的辩证法思想,尤其可贵的是在认识论方面已经远远超出前人所能达到的高度,从而为人们观念的根本改变——由中世纪的世界观向近代世界观的转变提供了前提。如库萨的尼古拉提出了认识有三个阶段的思想,认为理性接近真理就像内接多边形接近圆那样,可以无限地接近,但永远也不会重合。在政治思想方面,马基雅弗利已经认识到物质利益是社会生活的主要推动者。他除在《论李维》一书中宣传共和国的统治形式外,还在《君主论》中以古代军事和政治史作基础阐述了如何获得并掌握权力。他使政治开始成为科学,是历史哲学的奠基人之一。而康帕内拉更是空想社会主义的先驱者。

这一庞大的思想巨人群体掀起的伟大思想运动,直到 1527 年拿破仑入侵、罗马陷落才在意大利宣告结束。但它使教会的独裁被彻底摧毁,封建专制制度从根本上被动摇,在人类历史最早实现了新的统治方法,使意大利成了近代欧洲的长子,并让人们的观念有了根本的改变,使人们在发现客观世界的同时也发现了自己,从而为征服自然,建立新的、公正的社会制度,为科学技术的发展、经济的繁荣奠定了坚实的基础。

特别是这个时期带有机械唯物主义倾向的自然哲学的产生和发展不仅把自然科学从神学教义 1000 多年的窒息中解救出来,还给它提供了通过实验、经验与理论相结合认识自然的方法。所以,意大利出了像达·芬奇、路加·帕乔里、吉罗拉莫·卡尔丹诺、尼古拉·塔尔塔里亚、哥白尼、伽利略等一大批科学巨星,在数学、物理学、化学、医

---

① [苏]B.B.索柯洛夫著:《文艺复兴时期的哲学概论》,北京大学出版社 1983 版,第 210 页。

学、天文学等一系列领域取得了许多重大成果，于 1540 年成为世界科学活动的中心，科学兴隆期一直保持到 1610 年。正如恩格斯所说："在中世纪的黑夜之后，科学以意想不到的力量一下子重新兴起，并且以神奇的速度生长起来。"①

科学技术的发展又推动了生产力的进步，当时意大利的商业和航运业在世界上都是最发达的，农业和手工业也非常有名。最后终于使意大利完成了政治制度的根本转变并进入发达国家的行列。

欧洲各国交通方便，联系密切，相互影响大。英国在意大利文艺复兴思潮的冲击下，也涌现出了许多划时代的大思想家，如著名的空想社会主义者莫尔，被马克思誉为"英国唯物主义和整个现代实验科学的真正始祖"的培根，把培根的唯物主义经验论系统化的霍布斯和详细地论证了这一思想的洛克，像莎士比亚这样的世界文学巨星，等等。他们一方面为新生资产阶级的上台制造舆论，一方面为科学和生产的发展探寻方法。培根大力反对寄生的封建贵族，主张建立以中小贵族和商业资产阶级为支柱的君主专制政体。他全力倡导科学，强调经验－实验的方法对真正科学地认识自然的重要性，还进一步发展了归纳法，提出了如何从人的理智中清除伪相的学说。

在长期的思想舆论准备之后，通过 1640—1688 年的革命，英国资产阶级取得了政权。

取得了政权的新兴资产阶级顺应历史，发展科学，抓经济建设。当时的英国政府率先批准成立了皇家学会等学术活动中心，以推动科学技术发展。这时牛顿、哈维、耐普尔等划时代的科学巨人和大发明家瓦特等应运而生。1660 年，英国成为世界科学活动中心，其兴隆期达 70 年之久。这期间，各种纺纱机、织布机和蒸汽机纷纷被发明出来，因此，英国出现了大机器生产和专业化生产。

---

① 《马克思恩格斯选集》第 4 卷，人民出版社 1995 年版，第 280 页。

科学高潮引起了经济高潮。1760—1830 年,英国进行产业革命,1800—1880 年,英国为世界经济中心。1870 年,它的工业产值占世界工业生产总值的比率高达 32％。科学技术进步与经济的繁荣也为英国的海外殖民地扩张创造了前提,从此英国开始了所谓的"日不落"国的历史。

文艺复兴后,法国在 17—18 世纪又爆发了启蒙运动。一大批思想巨人——伏尔泰、孟德斯鸠、狄德罗、卢梭、笛卡尔等群星灿烂。他们由鼓吹改良,进而到主张革命。笛卡尔在他的哲学体系中也为人类认识世界提供了重要的演绎法。在文学方面也出了国际泰斗、后期文艺复兴的文学三杰之一——拉伯雷。他们都是人文主义思想的"弄潮儿"、新时代的旗手。

思想运动过后是 1787—1799 年间反反复复的几次大革命,最后资产阶级取得统治权。这时科学在法国也取得了长足的进步,涌现出了像拉格朗日、拉普拉斯、近代化学之父拉瓦锡等大批卓越的大科学家。法国于 1770 年成为世界科学活动中心,为期 60 年。从 1820 年起法国进行产业革命,法国的社会生产力蓬勃发展,1850—1890 年经济进入高潮期,19 世纪 60 年代法国工业产值仅次于英国,居世界第二位。

路德及其领导的、爆发于 16 世纪上半叶的德国、也是欧洲大陆上规模最大和影响最深的宗教改革运动,反对教会干涉世俗国家,力图建立一个适合资产阶级口味的廉价教会,实质上是资产阶级与封建主的第一次大决战。在启蒙运动走向尾声后,随着康德、黑格尔、马克思等思想巨人的相继出现,世界思想中心又转移到德国。接着德国于 1830—1850 年间爆发了资产阶级革命,与此同时,德国出现了雅可比、高斯等世界一流大数学家,欧姆这样的世界著名物理学家和发展农业急需的肥料技术的有机化学家李比希,特别是德国还出了世界闻名的集科学家、工程师和企业家于一身的西门子、克虏伯等这样一些奇才、全才。1810 年,德国成为世界科学活动中心,进入科学兴隆期,为期90 年。在科学高潮和资产阶级革命的推动下,德国进行了产业革命(1850—1880 年),率先发明了实用型的发电机,实现了电气化,引起了第二次技术革命。德国只用 40 年时间就完成了英国 140 年完成的工业化过程。接着出现了经济发展的高潮期(1880—1920 年)。当时德国的煤炭、钢铁、化学,特别是有机合成工业在世界上都是遥遥领先的。1910 年,德国工业总产值仅次于美国,居世界第二位。

美国是一个移民国家,它的很多公民是从欧洲大陆去的,而且其中有很多是受欧洲文艺复兴和启蒙运动的影响、思想激进的持不同政见者。此外,与欧洲各国不同,美国的资本主义是在未遇到强大的封建势力的阻挠下较为顺利地发展起来的,而且前面已有英、法、德等国为它趟了路子。美国的资产阶级不必考虑受封建国家、君主、教皇等超乎个人之上的力量的限制和旧传统的束缚,能利用先行资本主义各国的经验,自由放任地去追逐个人的成功与发展。即便如此,美国也于 1829—1870 年期间爆发了亦称新英格兰文艺复兴的文艺复兴运动。在这一运动中涌现出了霍桑、梅尔维尔、惠特曼和南方巨匠爱伦·坡等一大批有影响的大作家和大思想家。他们积极提倡对宗教、国家和社会实行改革,主张废除农奴制,对社会变革起了推动作用。这个时期史称"改革时期"。随之南北战争的爆发,全国统一。国家统一后,美国十分重视全力发展科学、技术和生产。美国独立战争后的宪法中,明确提出了有关科学技术的方针。美国的历任首脑都十分重视科学技术。其中,有的本人就是科学家,如本杰明·富兰克林和杰弗逊。在他们的领导下,美国对开发研究经费的投入不几年就翻了一番。仅二战期间,美国研究开发经费就从 1 亿多美元剧增到 15 亿美元(去年已经接近 2500 亿美元)。先后出现了像埃利·惠特尼、贝尔、爱迪生和福特等科学家、发明家。美国于 1860—1884 年进行产业革命,依靠吸引英国的资本和技术,一跃成为世界的技术中心,使工业迅速发展,并于 1890 年成为经济大国。在这个基础上,又于 20 世纪 20 年代成为世界科学的带头羊。美国不仅设法完成、完善了欧洲的钢铁、化工和电力三大技术,发展了汽车、飞机和无线电技术这三大发明,还领先进行了包括原子能、计算机、空间技术、微电子技术在内的第三次技术革命。高新技术的研究与开发,导致了高新技术产业群的形成和发展。70 年代以来,美国又领导了一场以微电子技术和基因重组技术为特征的世界范围的技术革命,形成了一个以信息技术为先导,包括新材料、新能源、航天和海洋等技术为内容的高新技术体系,并于 80 年代后期迅速产业化、商业化。因此,在世界上,美国在科学、技术、经济等领域一直遥遥领先。值得指出的是,在美国的发展过程中,大思想家起了巨大的作用。除了上面提到的外,与欧洲大思想家们对他们的影响也有关。其次,美国本土人士从皮尔士、詹姆士到杜威及其实用主义思潮的作用也是十分巨大的。此外,两次世界大战,特别是希特勒排犹,使许多世界级的大思想家、大科学家都曾到过美国,或短期访问、讲学,或长期留居,如罗素、爱因斯坦、费米、霍克海默、普利斯特列等,他们也为美国的持续繁荣立下了汗马功劳。美国在遭到经济危机严重打击后,罗斯福实行"新政"时就在某种程度上吸取了马克思主义的不少思想。如赈济失业者,政府对国民的福利和社会保障承担责任,容许工会活动,等等。

其实,何止近代如此,古代一些曾经称雄世界的国家,哪一个不是由于它出现过世界级的思想巨人?! 就以我们自己为例,由于出现过孔子、孟子、老子等一大批思想家,出现了百家争鸣的思想活跃时期,使古老的中国顺利完成了由奴隶制向封建制的过渡。当时与社会进步相一致的封建统治者,为了缓解社会矛盾,比较重视教育、科学技术和发展生产,使中国从公元前 3 世纪开始,教育和科学得到迅速发展,一直是古代世界的科学与教育中心。自秦汉始,到唐宋达到高峰,四大发明中的三大发明都是这个时期作出的。中国古代的"农、医、天、算"四大实用科学成就当时在全世界也是领先的。这些科学技术有力地推动了中国古代农业的发展和经济的繁荣,使中国在世界上领先了1000多年。由于中国繁荣强大,吸引了不少国家派人来中国学习,唐朝时,仅留学长安的日本留学生就多达 500～600 人。这期间中国也出了一大批世界著名科学家。如研究地震预报、发明地动仪的张衡,研究历法和圆周率的祖冲之,对天文、律历和医药都很有研究的沈括,研究治水的郦道元,等等。众所周知,我国改革开放前后,自然、社会、人文条件并无明显变化,改革开放这些年,所以能成为我国发展最快的一个时期,还不是由于有了邓小平理论的指引,使全党打破了教条主义的思想禁锢,解放了思想,通过认真研究认识了世界和中国的实际情况,实事求是地制定出了适合现阶段中国的发展战略、路线和方针政策?!

每当社会处于重大变革的时期,先进观念为清除社会弊端、开辟其继续发展的道路指明方向,对社会发展起决定性的反作用显得特别突出。过去社会的重大变革几百年甚至几千年才发生一次,因此,先进观念的重大意义、大思想家的巨大历史作用不易引起人们的重视。如今,社会发展的节奏越来越快,重大变革一个接着一个,先进观念的决定性反作用几乎成了一组连续不断的链条,观念更新,大思想家对于社会进步的意义也越来越明显了。

恩格斯说得好:"一个民族要想站在科学的高峰,就一刻也不能没有理论思维。"[1]一个国家要想站到世界的前列,更是一刻不能没有理论思维,在科学成了技术进步、生产力提高的决定性前提的今天,尤其是这样。一个民族,一个国家,没有思想巨人,就犹如一个人没有健全的头脑,没有灵魂。它就不可能走上正确的发展道路,就找不到符合国情的正确路线,就制定不出科学的发展战略,就不可能有现代化科

---

[1] 恩格斯:《自然辩证法》,人民出版社 1972 年版,第 29 页。

学技术高度发展。一句话，就不可能走快速发展的道路、使经济无比
繁荣、走到世界的前列，它永远只能是二等国家。这，就是整个近代史
给我们的启示。

　　英国广播公司（BBC）1999 年 9 月在世界范围内，在网上评选
1000 年来最伟大的思想家，结果马克思、爱因斯坦等人得票居前 10
位，其中没有中国人。不用说，这种评选的科学性是相对的，如中国思
想家因语言文字方面的原因，他们的思想在世界上传播受到限制；中
国人口虽多，但拥有电脑、能上网参加这一评选活动的人数毕竟有限；
而且，外国一些参加投票的人对人类 1000 年以来的思想史也未必真
正了解，等等。但如果从思想家给人类提供新思想、新方法的多少及
其深刻程度，是否有自己独特的体系和其传播的广度与推动社会文明
进步的程度的角度看，应当说这一评选结果基本还是公正的。这次评
选的结果也向我们表明：有思想巨人，才有国家富强。我们必须实事
求是地承认，近 1000 年特别是近 500 年来，欧洲和美国的发展速度是
很快的。而我国，在日益剧烈的国际竞争中，直到党的十一届三中全
会以前，总的趋势是不断走下坡路。这种情况确与这期间我国出的世
界级的思想大师太少，就是有一些，也因种种原因，他们的新思想未能
得到应有的尊重，无法在社会上广为传播，更不可能付诸实践有关。
1985 年，美国出版的《世界名人辞典》和英国出版的《人民年鉴手册》在
全世界评选人类有史以来的最伟大的思想家，荣居前十名的就有中国
的孔子。而孔子出现以后中国在全世界至少领先了 1000 多年。

　　大思想家的出现要有许多条件，除了深刻改造自然和社会的伟大
实践，宽松的政治环境，适宜的社会文化土壤和善于向别人学习的精
神外，还有赖于整个民族崇尚理性的价值取向和整体水平较高的理性
思维能力。

　　在我看来，有思想巨人，才有国家富强。今天，我们国家百废待兴，
缺这个少那个，最缺的是理性，最缺的是大思想家。所以，作为一个哲学

工作者,为了中华民族的腾飞,为了 21 世纪能真正成为中国的世纪,总想在为我国出大思想家方面做些工作。我先后主编《世界十大思想家》和《现代世界十大思想家》,目的就在于提高广大读者乃至整个民族对理性思维的兴趣,提高全民族的理论素养,其中特别是广大青少年的理论兴趣和修养。体育要从娃娃抓起,崇尚理性的精神和对理论的兴趣也必须从小培养。如今我们正强调教育改革要由应试教育向素质教育转变,而帮助青少年学会分析问题,正确进行抽象、概括、推理,学会独立思考,提高他们的理性思维能力,这是一个人非常重要的素质,它直接关系到我们这个民族未来在激烈的国际竞争中的兴衰。

大思想家们的著作,大多都比较艰深难懂。要缺乏起码的理论素养的人一下子就去读它们,不仅会有困难,而且会对理论产生畏惧心理。而大思想家们的传记,不仅要交代他们一生最主要的理论贡献,还会尽可能地讲清他们这些成就是如何作出的和他们思想发展的内在逻辑。除了他们激动人心的新思想,还会对他们高尚的精神境界和丰富多彩的人生的其他方面有所交代。这样,传记就要比原著生动、丰富、容易读。读思想家们的传记,不仅可以让你懂得许多重要的大道理,而且能教会你如何正确地思考,帮助开发你的智力。从这个意义上讲,思想家们的传记是帮你开启进入其理论大门的钥匙,是帮助你深入到他们的理论宝库中去的桥梁。

1999 年,英国广播公司(BBC)评选 1000 年来最伟大的思想家的结果公布后,全国先后有 7 家出版社几乎是同时请我为他们主编这套丛书,出于上述理由,最后我答应组织力量撰写这些思想家的传记。

这些伟大的思想家,每一个人就是一座丰富的思想宝库。不少研究者多少年甚至一辈子研究某一巨匠都未必能进入其堂奥,对他们的理解需要时间。另外,从来就没有历史,历史就在现实中。特别是这些思想巨人,其思想是远远超出其时代,具有永恒的普遍意义的。不站到时代的高度,是很难阐发出其所包含的深意的。

学者与出版工作者是一致的,都考虑社会效益。但严肃、郑重的学者又与出版工作者有不同,前者恨不得对一个问题研究了再研究,哪怕是一辈子只写一本书甚至是有独到见地、能传世的一篇文章就满足了。而出版工作者除了考虑社会效益,还不得不面对市场,考虑时效。这就使我们这些撰稿人只能做到时代容许我们做到的了。不过,相信凡读了这套丛书的人定会感到,我们这些作者和编者的态度是认真的,对社会、对读者是严肃的、负责任的。

由于我们这些作者受外语水平、图书资料、思想水平和时间的限制,尽管其中不少作者就是搞这方面的教学和科研的,在写作过程中也尽了最大努力,整套书稿不尽如人意之处还甚多。我作为本丛书的主编是以诚惶诚恐的心情同意这套书付梓的。这实在需要祈求这些思想大师本人和广大读者谅解。

最后,要再三声明的是,这套丛书的写作,作者们主要还是利用国内外前辈学者和当代同仁的研究成果,没有广大翻译工作者的辛勤耕耘,要写出这样的东西是不可想象的。在此我代表全体作者向这套丛书写作参考、利用了他们成果的中外专家和翻译家致以最衷心的谢忱!

这套丛书在迟迟才交稿的情况下,没有安徽人民出版社的同志们夜以继日地紧张工作,要在这短短的时间内问世,也是绝对不可能的。在此,我代表全体作者向他们致以深深的谢意!

承蒙几家出版社的信赖,请我出面组织这套丛书,最后我把书稿给了安徽人民出版社,在此,我再次请有关出版社的领导和编辑同志谅解。

目　录

A quinas
阿奎那

第一章
在教皇与国王大搏斗的年代

　　在教皇与国王大搏斗年代的漩涡里，教权与
王权、家庭与种族、传统信仰与新潮纷争的浪潮
汹涌澎湃。小托马斯，出生在这是一个基督教世
家而又趋于政、教、军混杂的封建大家庭里，当时
还无力应付如此复杂的局面，只能带着时代和家
庭的印记而随波逐流。

1. 封建大家庭的裂痕

在意大利的罗马城和那不勒斯之间,有一个阿奎那城。大约在1224年末或1225年初,托马斯·阿奎那出生在阿奎那城的洛卡塞卡城堡。

当时的意大利,在政治上四分五裂。南部意大利和西西里王国,由德国统治者弗烈德里二世兼领这里的国王;中部意大利的大部分土地是教皇的辖地。阿奎那城地处教皇国和西西里王国的结合部,这里当然也就成了基督教思想和世俗思想、教皇势力和国王势力互比高低、一决雌雄的地方。这个小城的人们虽然基本上都是基督教徒,但阿套那城已不为教会所管辖,不属于教皇国的版图,城里的不少教徒也已转向服务于弗烈德里二世国王了。

托马斯·阿奎那出身于这个地方的名门望族,阿奎那城就是以他的曾任皇家军队指挥官的祖父的名字命名的封地。这个封建大家族信奉的是基督教,族人中有几个是伯爵。托马斯·阿奎那的父亲朗杜夫·阿奎那是阿奎那城的首席长官,同德意志皇帝有姻亲关系,他本人不过是个骑士。这位父亲共有8个子女,托马斯·阿奎那排行第五,如果按照当地的习惯,堂兄妹也计算在内,总共有12人,托马斯·阿奎那则列为第七。

托马斯·阿奎那自幼体魄强健,有一颗装满学识的头脑和一双炯炯有神的眼睛,眸子里闪烁着睿智的光辉。他不喜欢像同龄人那样玩打仗游戏,而是同长辈们一起听寄宿在他家里的托钵僧讲故事。他特别羡慕这些托钵僧,常常无言地注视着他们,自觉不自觉地模仿他们的动作。在大部分时间里,他都习惯于蜷缩在房间的角落里,思索那些大人们都费解的问题。在一个暴风雨之夜,他静静地躺在床上,聆听着洛卡塞卡峭壁上面隆隆滚滚的雷声,不由他思索起一个似知非懂的上帝——这个受到世人曲解、亵渎和诽谤的问题。他朦胧地意识到,在上帝的名义下,他的众多子民被判处终身苦役,这些人逆来顺受,为追求来世的幸福,为现世的达官显贵们辛勤劳作;在上帝的名义下,"信教者"的军队残酷地掳杀那些敢于以自己的异端方式来爱上帝的"怀疑论者"。托马斯·阿奎那想,所有这一切似乎是有什么差错,或许自己长大以后能够知道如何去纠正这些错误。

看来,一个基督教世家的爱好思索的孩子,理所当然地要朝着神学的方向迈进了。

实际上,托马斯·阿奎那的这条路也不是很顺畅的。因为这个大家族虽然世代相传信奉基督教,但是,当时的家庭成员并非人人都效忠于教皇、服务于教会了。托马斯·阿奎那的父亲就是弗烈德里二世国王的忠实捍卫者,尽全力为西西里国王效劳。他的两个长兄也在西西里国王的军队中服役,听从弗烈德里二世的指挥。他的另一个兄弟则反叛国王,参加教皇的队伍,被国王抓捕后立即判处了死刑。在这个中世纪封建家庭里出现的这种裂痕,是家庭与种族之间的纷争?是教权与王权的冲突?还是国与国之间的斗争?

阿奎那的家乡,王权与教权的交锋,集中表现为弗烈德里二世与卡西诺山本笃隐修院的争斗。

在距阿奎那城不远的卡西诺山顶上,耸立着一座极其雄伟的隐修院,它原是阿波罗和丘比特神庙,于529年基督教本笃(约480—550年)将其拆毁后修建为隐修院。500多年来,它为教会培养了许多神职人员,成为欧洲一个著名的学府和不可低估的政治和经济中心,因而也无形中成了教皇设在阿奎那城的一个甚为重要的前哨阵地。弗烈德里二世决不会听任教会左右阿奎那城的形势,他势必精心策划,力图及早拔掉这个眼中钉。托马斯·阿奎那的父亲朗杜夫·阿奎那,作为阿奎那城的首领和国王的姻亲,曾经举着西西里国王的旗帜攻打过这座隐修院,虽未能取得成功,但却是弗烈德里二世亲自出马摧毁这个教皇据点的一次预演。在基督教看来,如果卡西诺的本笃隐修院被摧毁,不仅给教会造成极大损失,而且还会使教皇蒙受奇耻大辱。于是,在教皇看来,只有除掉弗烈德里二世,才能确保教会在那不勒斯地区甚至在全欧洲的权威。因而,教皇决定开除弗烈德里二世的教籍,并号召全体教徒讨伐他。

这种教皇与国王的激烈纷争,反映在思想界,就成了神学和哲学、信仰和理性的关系问题。其焦点是新兴的亚里士多德主义和奥古斯丁主义神学传统的斗争。

在此之前,一直支配着基督教神学和哲学的是奥古斯丁的哲学和神学为一体的"基督教学说"。这种学说认为,唯有信仰绝对可靠,理性只有服从信仰才能确保其可靠性,也只有服务于基督教教义,才获得其价值,所以,割裂理性与信仰、区分哲学与神学是没有意义的。认为理性不能没有信仰,哲学离开神学也就不再是真正的哲学,而真正的哲学就是基督教教义。在奥古斯丁看来,哲学与神学在教父们那里完全是合二为一的。在他的心目中,仅仅理性本身是难以获得确认性的,理智只有在基督教的生活中才能发挥作用。因此,人类知识的层次是:首先是信仰,其次是理智,信仰是知识的出发点和先决条件。他还概括说,理性必须符合于信仰,哲学必须结合于宗教,真正的哲学与真正的宗教是统一的。"我们的基督教教义是唯一真正的哲学"①,"真正的哲学就是爱上帝的人"②。

奥古斯丁的这种"基督教学说",是以柏拉图的哲学学说为理论根据的,因为柏拉图哲学唯心主义的思想体系,与基督教思想极为吻合,教父们甚至把柏拉图的理论直接变成了基督教的教义。对此,马克思曾指出:"说基督教里有柏拉图的成分比说柏拉图那里有基督教的成分要正确得多。"③

现在,在社会经济有了新发展的条件下,崛起的城市市民对盲目信仰不那么热衷和喜欢了,他们要求重视物质世界,面对现实,尊重客观,而他们更崇尚的是理性思考。正是在这个时候,一些阿拉伯哲学家和犹太人哲学家,把亚里士多德的著作翻译、介绍到了西欧,大大开拓了人们的思想境界。亚里士多德的自然哲学思想,强调感性经验和理性认识,把物质世界作为思考的对象和出发点,神至多不过是物质运动的初因,认为神的永恒性的灵魂不灭的观点是站不住脚的。这就极大地冲击了基督教信仰。亚里士多德的哲学由于顺应了当时的社会潮流,因而在西欧立即兴起了亚里士多德主义的新思潮。在这股新思潮中,西西里国王弗烈德里二世尤其引人注目,他重视阿拉伯哲学和自然科学,在他管辖的区域内,开展自由的学术讨论,从而不仅在政治上,而且在思想上、理论上向教会的绝对统治和权威提出了挑战。

教会如临大敌,视违背基督教信仰的亚里士多德哲学为异端邪说、毒蛇猛兽,屡屡下令禁止传播亚里士多德的形而上学和自然哲学。

双方在斗争中势不两立,针锋相对,但是,彼此也遇到了各自的问

---

① 奥古斯丁:《论真宗教》第 5 卷,第 8 章。
② 奥古斯丁:《上帝之城》第 8 卷,第 1 章。
③ 《马克思恩格斯全集》第 40 卷,人民出版社 1959 年版,第 141 页。

题。在以奥古斯丁主义为代表的传统的经院哲学看来,尽管亚里士多德哲学特别是他的自然哲学与基督教相冲突,但这种理论当时在西方无疑是无与伦比的,如果抛弃了这种学说,就等于抛弃了人类有史以来最伟大的智慧,也就必然受到世人的指责;在以亚里士多德主义为代表的新思潮看来,尽管奥古斯丁的教父哲学与自己的信仰相矛盾,但教父哲学毕竟是代表着基督教精神的一种哲学,是人类思维延续的一个特定阶段,不能把这种哲学化为乌有。因此,一个紧迫的问题就是,亚里士多德与奥古斯丁主义果然是那样针锋相对、水火不容吗?能否另辟蹊径,把两者结合起来,使基督教教义因为引进了亚里士多德学说而变得合理一些,使亚里士多德学说有了基督教理论为后盾,而变得牢固呢?这些问题其实就是在当时基督教势力仍很强大,传统经院哲学遇到严重挑战的情况下,以不同的方式延续和发展人类思维的问题。被称为伟人的大阿尔伯特首先对这些问题作了尝试,结果不能令人满意,后来他的学生继承了他未竟的事业,并取得了辉煌的成就。这个学生就是托马斯·阿奎那。

托马斯·阿奎那之所以能取得成功,就历史唯物主义的观点来看,他既生长在基督教的家庭里,又生活在自由思想的环境里。

3. 意欲双雕的利箭

托马斯·阿奎那5岁的时候,由父亲送他到卡西诺山本笃隐修院上学,在那里接受了近10年的教育。

卡西诺山本笃隐修院是一座当时远近闻名的高等学府,其中也专门为儿童开设课堂,儿童入学后,首先是进行宗教教育,如听老师讲圣经故事、背诵祈祷经文、学唱圣经圣歌、参加宗教礼仪活动等。而后学习被称为"七门自由艺术"的"七艺"课程。

所谓"七艺",是欧洲中世纪著名哲学家波爱修(约 470—525 年)最早提出来的,包括语法、修辞、逻辑(在中世纪通称为辩证法)、算术、几何、音乐、天文七门课程。波爱修称其中的前三门课程为"三科",称后四门课程是"四科"、"通向智慧的四门学问"。与波爱修同时代、并同任朝廷大臣的西奥多勒(477—570 年),编写的《关于神圣的和世俗的教育体制》一书集中论述了"七艺",书中把"三科"归为初等教育,把"四科"列入高等教育。这本书后来成为中世纪学校教学的蓝本,西奥多勒也被人们认为是教育史的先祖。到了 8 世纪,"七艺"正式被搬进学校。这七门基本课程就本身的内容而言,是关于自然科学和人文科学的知识,而当时的讲授往往是用来论证基督教教义和圣经故事的,所以,"七艺"实际上成了宗教神学的根据和入门。

作为那不勒斯城的首领,曾经举着西西里国王的旗帜,多次攻打这座隐修院的父亲朗杜夫·阿奎那,为什么又向隐修院献上贵子呢?这并不是他的心血来潮,而是有深谋远虑的。他之所以这样做,固然与当时教权与王权之间时而明争,时而暗斗,时而穷兵黩武,时而以礼相待有关,而更直接的原因或目的,是要借儿子这支利箭,去捕获双重的猎物。

一方面,是政治交易,表示同教会和解,不计宿仇,同时也是为了对教会的麻痹和利用,所以这位父亲还代儿子向隐修院许愿,让儿子将来当一名隐修士,终生为教会服务。

另一方面,是指望儿子日后登上隐修院院长的宝座,使这个在自己眼皮底下的基督教的堡垒不攻自破,以达到不受阻碍地对阿奎那城实行全面统治。

这种一举两得的大好事,何乐而不为呢?对这个奇妙的安排,当时幼小的托马斯是不会理解的,他还不具备这方面的分析思考能力,不可能探究出其中的原因和奥秘,而只能是任人摆布,身不由己地跨入隐修院的大门。

1239年,就在托马斯·阿奎那在此学习的第九个年头,弗烈德里二世终于准备就绪,并且亲自出马,大举进攻卡西诺山,命令士兵们摧毁隐修院的一切,勒令隐修院解散。于是,这个教皇设在那不勒斯的根据地在地图上彻底消失了。托马斯·阿奎那也不得不因此离开。

第二章
基督教异端造就的基督徒

　　随着社会经济的发展,崛起的城市市民对于基督教的信仰至上不那么喜欢了,传统的基督教神学受到了冲击。这时被教会称为异端邪说的亚里士多德的哲学在欧洲广泛传播,并成为欧洲各大学里的新思潮。托马斯·阿奎那十分崇尚这种新思潮,但他并没有依此来反对基督教,反而立志终生为教会服务,力图用亚里士多德哲学改造和革新基督教神学。

1. 世俗大学的新思潮

托马斯·阿奎那在离开卡西诺山隐修院不久,转入那不勒斯大学。

中世纪的大学,不是现代意义上的大学,而是教师和学生学习研讨的社团或团体。那时教师与学生的组合采取的是手工业行会的形式,教师义务上课,学生也很少交学费,基本上是义务教育。当时的教师都是教会的神职人员,神职人员同知识分子是画等号的。学生都是男生。课堂上一律用拉丁文,学生和老师不存在语言隔阂,彼此之间可以直接交流。教学设施也十分简陋,没有固定的教室和课堂,学生宿舍也很缺乏,大多是露天讲课,学生围在树阴下,席地而坐,将书本和羊皮纸抄本放在膝盖上,听老师讲解。这种形式的大学,在12世纪的欧洲,如雨后春笋,保留并发展至今的有著名的巴黎大学、牛津大学、剑桥大学等。在这些大学里,神学院最出名。还有的大学突出法学院(实际上是讲授教会的法规),也有的大学则以医学而著称。哲学在当时一般都溶于其他学科特别是神学中进行讲授。

那不勒斯大学同其他大学相比,有着明显的区别。当时的巴黎大学、牛津大学和剑桥大学等,都是获得了教皇的承认和批准,由本地区的主教领导,由神职人员进行管理,所以普遍称为教会大学。唯独那不勒斯大学是弗烈德里二世国王创立和批准的,因而堪称为世界上最早的世俗大学。

在这座世俗大学里，由于国王的自由主义思想，各种主张、各种学说，均可自由表达，思想开放和学术气氛特别引人注目。弗烈德里二世曾聘请了阿拉伯和犹太等学者任教，专门讲解亚里士多德的著作，还聘请了著名翻译家把亚里士多德著作由希腊文和阿拉伯文译成拉丁文作为学生学习的课本，弗烈德里二世大力提倡学生们学习亚里士多德哲学，一时间，亚里士多德哲学教学搞得红红火火，亚里士多德的学说成了那不勒斯这所世俗大学的看家宝。

在当时，国王弗烈德里二世和教皇是对立的，这必然和作为教会正统思想的奥古斯丁主义相对立，也和作为基督教神学理论基础的柏拉图主义相对立。这位国王所倡导的是亚里士多德的学说，而亚里士多德又曾是柏拉图的学生，这无疑是一种很复杂的联系。

基督教神学之所以同柏拉图主义相吻合，是由于柏拉图是一个客观唯心主义者，特别是他创立的神创世界的宇宙生成说和系统的客观唯心主义理念论，几乎成了基督教的信条。马克思曾明确指出，柏拉图主义与基督教教义混为一体是再合适不过了。因此，当时的教父们无不对柏拉图推崇备至，他们用柏拉图哲学去证明上帝是先验的精神存在，是超自然永恒的绝对存在，是全人类和全世界的原因和目的；去证明一切都来自上帝又回归上帝。教父们利用柏拉图主义，制定了一整套基督教教义，其主要内容是：(1)"神"说，宣扬一神、一主、一信、一教，认为上帝是唯一的神，只有对上帝的信仰才是唯一真实的信仰；(2)"三位一体"说，认为圣父、圣子、圣灵同属一个神的本体，而上帝具有三者的"神格"；(3)"创世"说，认为上帝创造了人和整个世界；(4)"原罪"说，认为人类的祖先亚当和夏娃在天堂的伊甸园里偷吃了上帝的"智慧果"，所以他们的子孙一生下来就是有罪的；(5)"救赎"说，认为世人受苦难是进行赎罪，只有信奉上帝，忍受现世痛苦，来世才可得救；(6)"天国报应"说，认为人必须服从天命，鄙弃一切物质欲望，过禁欲生活，死后才能升入天堂，否则就被打入地狱遭受惩罚；(7)"天启"

说,认为人的认识、理性要服从信仰,要信仰上帝,一切真知都是上帝
"天启"的产物。这种基督教神学或"教父学"的最著名代表奥古斯丁
本身就是个新柏拉图主义者,他曾宣称:"柏拉图哲学最接近基督教",
宣称是由于柏拉图的著作的启发,他才获得了基督教信仰和认识了上
帝。他利用并进一步发挥了柏拉图的哲学,从他的上帝观、天命观、社
会观、知识观等方面,系统论述了基督教的基本教义。在奥古斯丁那
里,哲学已不是引导人们面对客观现实进行思索,而是与神学结为一
体,成为阐释宗教教义的必要的工具。奥古斯丁的核心论点是:信仰
上帝不仅是哲学研究的出发点,而且是哲学研究的归宿,信仰上帝是
至高无上的基本原则。他们一再强调:"不是先理解尔后信仰,而是先
信仰尔后理解","首先是信仰,理解也是为了信仰"。[①] 这当然是人类
思维发展的黑暗时期。奥古斯丁的这种教父哲学,1000 多年来一直在
基督教会里占着主导地位。

　　然而,正当中世纪基督教的神学思想支配一切的时候,亚里士多
德的学说好像是乌云密布时的闪电,给这个世界投入了一道新的
光明。

　　亚里士多德,比柏拉图小 42 岁,是柏拉图的一名学生,也是古希
腊哲学的集大成者和百科全书式的思想家。马克思称他为"古代最伟
大的思想家",恩格斯也称他为古希腊哲学家中"最博学的人物"。他
一生所从事的学术研究活动,涉及逻辑学、修辞学、物理学、生物学、心
理学、政治学、经济学、伦理学、历史学、美学以及哲学等各个方面的问
题,并编写了大量的著作。

　　亚里士多德的著作,从 12 世纪中期到 13 世纪后期的 100 多年时
间里,全部被译为拉丁文,并从阿拉伯世界流入西欧。这些著作有《范

---

　　① 奥古斯丁:《约翰福音注释》第 29 卷,第 7 章第 6 节;奥古斯丁:《布道集》第 118 篇,
第 1 章;安瑟尔谟:《宣讲》第 1 章。

畴篇》、《分析篇》、《前分析篇》、《后分析篇》、《正位篇》、《辩谬篇》、《物理学》、《论天》、《论生灭》、《气象学》、《论灵魂》、《论感觉》、《论记忆》、《论梦》、《论发明》、《论长短》、《论气息》、《论朽灭》、《动物志》、《形而上学》、《尼各马可伦理学》、《优苔谟伦理学》、《政治学》、《家政学》、《修辞学》、《诗学》等。

亚里士多德批判地吸收了老师柏拉图的唯心主义,也批判地继承了德谟克利特的唯物主义,他尤其是对柏拉图那套本末倒置的玄学是根本不能接受的。他说:"真理和师友皆吾所亲,然不得已时宁舍友情而保全真理。"①他在概括当时自然科学成果的基础上,创立了包括他的"第一哲学"、"自然哲学"、认识论、逻辑学、政治伦理观等内容丰富的独树一帜的哲学体系。这个动摇于唯物主义和唯心主义、辩证法和形而上学之间,有明显调和、折衷倾向的哲学体系,其合理的方面主要有:第一,质料与形式相统一的思想;第二,潜能与现实相统一的思想;第三,物质和运动相统一的思想;第四,感性和理性两种认识的思想;第五,思维和存在相统一的思想。其中,当时在西欧广泛传播,并引起强烈反响的主要是亚里士多德的"第一哲学"和自然哲学。

亚里士多德称他的《形而上学》为"第一哲学",研究的是世界的本原问题,是关于一般和个别、思维和存在的关系问题。其中有"实体说"、"四因说"、"潜能现实说"等。在这里,亚里士多德从唯物主义的观点出发,批判了老师柏拉图关于"理念"的理论,指出"理念化"的根本错误,就在于把"理念"看成是在具体事物之外独立存在的东西。亚里士多德肯定事物是客观存在的,而且是人类认识的来源,认识产生于对外界事物的感觉,没有这种感觉便没有知识,这也就坚持了认识论的反映论的观点。在此同时,亚里士多德创立了自己的"四因说",即质料因、动力因、形式因和目的因,他认为,一切事物的产生、运动和

①　亚里士多德:《尼各马可伦理学》第1卷,第6章。

发展,都不外乎这四种原因的作用。亚里士多德虽然承认运动和变化,然而他又认为,一切运动和变化皆有赖于某种形式的推动,这个某种形式的推动后面又有所推动,循此类推下去,第一原因或第一推动者只能是神了。亚里士多德关于神是第一推动者的说教虽然不同于柏拉图关于上帝创世的观点,但是,神"创造"世界与神"推动"世界无疑都归向了唯心主义。在此基础上,他又阐述了潜能和现实问题,表明事物的生成变化不是从无到有,而是从潜在的有到现实的有,质料形式、可能性与现实性在运动变化的过程中达到统一,这里又包含了可贵的辩证法思想。亚里士多德"第一哲学"的核心是"实体",这个客观独立存在、不依赖于其他任何东西的"实体",与他的"四因说"、"潜能现实说",构成了他的"第一哲学"的主要内容。

亚里士多德是"最早的希腊哲学家,同时也是自然科学家"[①],他几乎涉猎当时的所有学科,并在许多方面都有独到的见解。在生物学方面,他第一次作了物种的分类,把自然界分为高低不同的等级,解剖了50多种动物和人的胚胎,观察到了隔代遗传现象。在天文学方面,他提出了"地球中心说",这虽然是不科学的,但在当时起到了破除带有迷信色彩的天文观的作用。在物理学方面,他考察了物质的构成和运动,并第一次对运动进行了分类,描述了物质运动的一般原则。

当时,在欧洲的各大学里,亚里士多德的"第一哲学",特别是他的自然哲学成了一门非常时髦的学科,教师和学生手持亚里士多德著作的拉丁文译本被视作时尚,如果能引用其中的观点和理论就会感到无比光荣。这个时候,不仅所谓的异教徒们根据亚里士多德的学说批判以往的经院哲学,而且教会内部也有人依附亚里士多德主义在肢解经院哲学。教士们也觉得,柏拉图学说虽然符合基督教教义,但显得陈旧,现今不那么适用了;亚里士多德学说虽然在许多问题上与基督教

---

① 《马克思恩格斯全集》第20卷,人民出版社1959年版,第526页。

神学相抵触,但比较切合实际。看来,教内外人士特别是开明的知识分子都拥护亚里士多德的学说,亚里士多德主义已经成为一股不可抗拒的新思潮。

这对于基督教来说,无疑是一场灾难,因为它不仅给以柏拉图哲学为理论根据的奥古斯丁主义经院哲学以猛烈的抨击,而且是对1000多年来的基督教教义及其神学命题的否定。为了阻止亚里士多德思想的传播,维护以往经院哲学和神学的权威,1209年巴黎教会曾向巴黎大学宣布,教师不得讲授亚里士多德的哲学,凡拥护亚里士多德学说的,一律开除教籍。还发布命令,严禁抄录、阅读和保存亚里士多德的书。1210年,基督教会最高当局在反异端的文告中宣布:不准公开或私下阅读亚里士多德关于自然哲学的著作以及对它们所作的评注,违反者将受到开除教籍的惩罚。1215年教皇又宣布:不能讲授亚里士多德关于形而上学的著作和自然哲学的著作以及对它们的概述。1231年4月13日,教皇在对巴黎大学发布的题为《科学之母》的文告中说:"主教会议以正当理由禁止的自然哲学方面的书籍在被审查、并清除可能产生的错误之前不能在巴黎被使用……"一时间,基督教会把亚里士多德看成了"最危险的敌人",亚里士多德的哲学也被视为"异端邪说"。尽管如此,亚里士多德主义这股新思潮已经无法阻挡了。在那不勒斯及其他一些大学里,人们最爱读的是亚里士多德的书,都以亚里士多德为最高理论权威,以信奉亚里士多德学说为最大的荣光,任何辩论只要谁能在亚里士多德的著作中找到根据,谁就是胜利者。大学里为了吸引更多的学生,还发布公告,公开宣布设立亚里士多德的讲座。由此可见,教会的种种禁令并未达到目的。

托马斯·阿奎那在那不勒斯大学,除了补习在卡西诺山隐修院的"七艺"课程之外,主要攻读本校擅长的亚里士多德哲学。这里值得一提的是,一位名叫彼得的爱尔兰教师侧重向他介绍了亚里士多德的自然哲学著作,促使托马斯·阿奎那开始接受关于亚里士多德哲学的教育和思考。在那不勒斯学习期间，托马斯·阿奎那没有和同学们一起住在学校里，而是寄宿在学校附近的一个多米尼克修会会士的住宅里，同他在卡西诺山隐修院一样，仍然生活在极其严肃的清教徒的气氛当中。学校的新思潮和托马斯·阿奎那的居住环境，对他日后既主张革新基督教哲学又决定服务于教会是有重大影响的。

2. 抉 择

在那不勒斯求学 7 年，托马斯·阿奎那已完成了学校规定的全部课程，返回家乡。这时他已经 18 岁了，18 岁的年龄，也正是他的兄长拿起长枪加入父亲的军队的年龄。

这时的托马斯·阿奎那面临的是职业乃至整个人生道路的抉择。当时的意大利贵族有三位一体的生活义务，即生育后代、统治人民、驰骋疆场。年轻气盛的托马斯要作出什么样的选择呢？他时常久久地凝视那辽阔的大海，广袤无垠的大海以及海浪中驶向不同方向和目标的轮船、小舟，似乎都在向他招手。

如果选择军旅，那是他的家庭特别是作为老军人的父亲所赞同的，而且托马斯·阿奎那在他的兄弟们中间，身材最魁梧，体魄最强健，能够成为一个出类拔萃的保卫国家和国王的武士。

如果选择神职，那也是一个很了不起的职业，不仅会拥有显赫的社会地位、充裕的金钱收入，而且还会获得各种各样的荣誉。托马斯凭借自己的知识、能力能够成为一名主教，还可以凭借皇族血统的家族以君主的权杖换取修道院的高位。

如果效仿方济(1182—1226,中世纪基督教圣徒,圣方济会的创始人)又会怎样呢?方济虽然在托马斯刚刚2岁时就离开了人间,但是方济那瘦弱文雅的乞丐影子时常浮现在他的眼前,因为方济是保护穷人的。方济和自己一样出身于富贵家庭,但他把出身这样的家庭讥为一个小小的意外,并毅然放弃了他应得的财产做托钵僧。

……

关于这些职业的选择,来自家庭和亲友方面的态度或者说是压力,是让托马斯成为本尼狄克会(本尼狄克会:天主教隐修修会)的僧人甚至修院院长。在世俗人的眼里,僧人和修士都是信奉、顺从、禁欲和献身的,二者似乎没有多大区别。但到了12世纪末,贵族们对此作了明确的区分:僧人是一种固定的职业,保持着古人对上等阶层的尊敬;修士与穷人为伍,是以乞讨为生的巡回福音传教士。

1244年,托马斯·阿奎那毅然决定做修士,加入了多米尼克会(多米尼克会:天主教托钵修会),永做教会的忠诚卫士。多米尼克会,也就是我国天主教界的多明我会和方济各会。当初,创始人认为教会之所以时常同世俗社会发生对抗,主要是因为封闭的修道院传教方式,远离了社会,很难适应当前社会发展的形势,于是提出要以游说、乞讨的生活方式去接近广大群众,以贫民的身份去宣传群众。尔后,当基督教思想遭受社会上各种学说的猛烈攻击和批判时,他们又大抓学问,钻研科学知识,并开始面向上层社会特别是大学这一特殊领域。多米尼克会大胆创新,随机应变,发展迅速,短短的10年,就在欧洲各地建立起了几千所修院,发展几千名会士。特别是大学里的修会影响更大,会士中出现了不少著名的哲学家、神学家和教授。多米尼克会,直接由教皇领导,会士有绝对服从教皇的义务。所以,同各地主教管辖的教区神职相比,修会会士更忠于教会,更能有效地为教会发挥作用。

托马斯·阿奎那加入多米尼克会,在这个封建贵族家庭里引起了极其强烈的反响,甚至出现了剧烈争吵和慌张的场面。因为,凭着家庭与弗烈德里二世的关系,托马斯在政界谋个一官半职并非难事。现在,一个与国王有姻亲关系的伯爵世家的子弟居然投靠了教皇,参加到了乞食的行列,成了一名修会会士、托钵僧,这简直是天方夜谭。这岂不是与国王有意作对,岂不是与家族的意愿大相径庭,岂不是对这个贵族世家的莫大的污辱?选从下面托马斯和父亲的一段对话中,可以看出当时的家庭气氛。

托马斯对父亲说:"我想做一个托钵僧。"

"什么?一个衣衫褴褛、蓬头赤脚的托钵僧?"朗杜夫几乎不相信自己的耳朵,惊诧地问道。

"是的,爸爸。"

"去执行过贫困生活的誓约?放弃你的职责?去挨饿?去沿街乞讨?洛卡塞卡家族的一员?"这位父亲显然还没有从惊异中清醒过来,一连串的反问后斩钉截铁地说:"这绝对不可能?选"

托马斯立刻举例说:"可是阿西西的方济已经做到了。"

"他是个疯子?选"

"不,他是个圣人。"

托马斯的母亲更是心急如火,即刻给教皇写信,请求陛下把他的儿子从疯狂中拯救出来。又不辞年迈和劳苦,奔波70里路,从洛卡塞卡城堡来到那不勒斯,那不勒斯大教主应允她,要尽力阻止多米尼克会接纳托马斯。但是修院的院长颇有心计,他对此早有预料,为防不测,让托马斯连夜赶路,绕道罗马,逃往巴黎。

年轻的托马斯对家庭干涉他选择生活道路的做法十分愤慨,他很快与一群托钵僧交上了朋友,他们一起踏上了去巴黎的路程。

3. 风　波

托马斯·阿奎那的母亲为了阻止儿子,心急如焚地来到那不勒斯,不仅没有达到目的,反而觉得受了教会的愚弄。她怒不可遏,立即吩咐随从,将此事禀告外甥弗烈德里二世国王。这位国王本来就与教皇积仇甚深,于是他借机发泄,马上命令军队中托马斯·阿奎那的两个哥哥带兵去追捕。

这时,托马斯·阿奎那身穿道袍,同几位会友正匆匆赶路。之所以他身穿道袍,是因为当时的神职人员,特别是修会会士,都是教会的人,不再有国籍,也不再受政府的管辖,他们身上的道袍就是豁外特权的具体标志,任何人都可以识别,任何人都不得侵犯。当他们一行走到罗马城北,在一个小河边作短暂的小憩时,被追来的士兵们发现了,顿时如捉盗贼似的团团围住。两个兄长冲在前面,试图立刻剥去弟弟身上的道袍,押送回家。这时托马斯·阿奎那并不慌张,笔直地站着,不准任何人跨近一步。这或许是人自卫的本能,更可能是他身上的道袍在发生作用,双方犹如势均力敌,对峙着。结果还是托马斯·阿奎那先开了口。

他往后退了几步说:"以上帝的名义,你们想干什么?"

"以上帝的名义,我们要你恢复理智。跟我们回去,我们要维护家族的名誉。"

"我属于一个比你们更伟大的家族。"托马斯·阿奎那反驳道。

托马斯·阿奎那力图摆脱他们的纠缠,终因寡不敌众,最后提出让他穿着道袍回家,争执才算告一段落。托马斯·阿奎那不作任何抵抗地跟着兄长和士兵返回故里,被带到洛卡塞卡的一个军营中,成了他们的囚犯。

此后,家人们开始轮流做他的转化工作。一向脾气暴躁的父亲,也镇静下来,恳请儿子改变主意,儿子却无动于衷,只是反复地要求:

"把头巾还给我。"

"头巾我给你保存着,"父亲疲惫地说,"只要你愿意,你可以去过修道院的生活。看在我的面上,我求你接受卡西诺修道院院长的职务。"

托马斯·阿奎那十分固执地回答说:"我不想当什么院长,我只希望终生做上帝的一名卑微的追随者。"

费尽唇舌的父亲看无计可施,又搬来了托马斯·阿奎那的母亲。

这位母亲深爱着自己的幼子,含着眼泪劝道:"记住,我的孩子,你是王族的后裔,西西里国王是你的堂兄。"

"不,他是一个异教徒?选"

这一消息传到教廷,教皇英诺森四世不惜亲自出马,进行调解。他采用早先朗杜夫·阿奎那一样的一箭双雕的策略,既要保护自己的忠实卫士托马斯·阿奎那,又要通过他夺回卡西诺隐修院这块失地,所以他提出了一个两全其美的方案:托马斯·阿奎那既可以当多米尼克会的会士,又可以任卡西诺山本笃隐修院的院长。然而,教皇这个用心良苦的计划并未得以实现,中世纪家庭、教会、国家三股势力交织在一起的搏斗并未终止。这种搏斗,在这个貌似家庭内部的冲突中暴露得一清二楚。在托马斯·阿奎那的心目中,教会至上,服从教皇,是自然合理、天经地义的事。他主意已定,誓死不改,任何人也不能夺去他的道袍,使之还俗。

这样,托马斯·阿奎那只好被软禁在家里,不准出门,长达一年之久。

家里人出于对他的怜悯,不忍心看着他过分受苦,给他送来一些书。然而,在托马斯·阿奎那的心目中,任何书都不会取代亚里士多德的《形而上学》在他心目中的位置。

禁闭室里虽然缺少自由,但对于生性好静、不爱活动、酷爱思索的托马斯·阿奎那来说,却获得了充裕的学习和思考时间。他不失良机地阅读《新旧约全书》、彼得·伦巴德的《箴言录》和其他哲学书籍。这为他以后的著书立说积累了可贵的资料。

在这期间,托马斯·阿奎那根据在大学里的学习体会,写了两篇关于形式逻辑的短文,一是献给"学艺的贵族"的小册子《论谬误》,讨论在标准的推理形式中容易出现的谬误;二是论模态命题(关于必然性可能性的句子)的残篇《论模态命题》。

本来囚禁的目的是想让托马斯·阿奎那回心转意,放弃初衷,继承父业,光宗耀祖,使不久前去世的父亲能够安睡黄泉。但是,他却无动于衷,要安下心来开始学习和写作了。于是,两个兄长又想出了绝招:把一个打扮妖艳的女子塞进禁闭室,试图用美人计,用女人漂亮的脸蛋唤起弟弟常人的情感,以达到引诱其屈从的目的。

在一个寒冷的日子,一位年轻貌美的女子突然闯进托马斯·阿奎那的屋子里,这女人在房间里扭来扭去,故作姿态。正在用火棍拨火的他,感到蒙受了极大污辱。他火冒三丈,暴跳如雷,本来笨重的身体也一下子变得敏捷了,从火炉里抽出炽热的拨火棍,向那妖女直捅过去,吓得那姑娘慌忙逃跑了,门也"砰"的一声关上了。可是托马斯·阿奎那却余怒未消,他觉得连基本道德标准都不允许的事竟横加在一个宣誓终生贞洁的人身上,这实在是一桩最卑劣的伎俩。他紧紧握住拨火棍,朝门上狠狠打去,给门上留下了几道深深的黑印。据传说,他在当天晚上做了一个梦,梦见天使用一根燃烧着的绳子捆住了他的腰,他疼痛难忍,大声呼喊。天使却和颜悦色地说:"我是奉了上帝之命,来给你系上这条圣洁腰带,以免以后你遭受妖魔鬼怪的侵害。"从这时起,托马斯·阿奎那总是像避开毒蛇一样躲避女人,除非是出于某种必要或公务。

为迫使托马斯·阿奎那改变初衷,可以说,家里人甚至教皇都用尽了招数,结果不仅托马斯·阿奎那本人没有丝毫改变,反而,他的行为和坚强毅力却感染了姐姐,他的姐姐不久也离开了家庭,进隐修院成为一名修女。

一天,另一位女子来看望托马斯·阿奎那,这是他的妹妹玛丽塔。她说:"我很钦佩你的勇气,我已经说服了哥哥们,我要帮助你从这里逃出去。"

在一个漆黑的夜里,一伙人用绳子和箩筐把托马斯·阿奎那从楼上放下来,并祝他一路平安。他的母亲得知后,毕竟不乏慈母心肠的天性,也不忍心儿子长期被监禁而贻误终身,最终的态度还是恢复其自由,成全其志愿。

1245年底,托马斯·阿奎那带着祈祷书,带着装有面包、奶酪和水果等的包裹,再次踏上通往巴黎的路程。一路上,他目睹一群群的香客在沉思中默默地、缓缓地走过;一队队骑马的贵族傲慢显赫,策马狂奔;一个个乞丐坐在路边伸出双手向过客们讨一点残汤和剩饭。这位抛弃财富和地位的托钵僧,走过伦巴第平原,走疼了双脚,白天与那些饥饿的穷苦人一起分享他的面包,夜晚睡在谷仓房里。经过1500公里的长途跋涉,他终于到达巴黎。

第三章
从学子到教师

　　经过顽强的抗争,托马斯·阿奎那终于如愿以偿,来到了当时被称为国际哲学和神学学术中心的巴黎大学。在这开放自由的氛围里,在知识渊博、独具慧眼的老师引导下,托马斯这头"哑牛"要吼叫了。

1. 大学深造

托马斯·阿奎那穿着多米尼克修会的黑色道袍,摆脱家庭方面的干扰,来到巴黎大学,专心攻读哲学和神学。

巴黎大学,是欧洲创立最早、名声最大的学府,由巴黎教区主教管辖,1215年获得教会最高层的教皇确认后,正式注册为教会大学。这所大学最初以神学著称,1217年多米尼克修会曾在这里创建了一个神学院,1230年他们已经争取到了大学12个神学讲座中的两个,尔后,巴黎大学又享有"哲学家之城"的美誉,成为无与伦比的哲学和神学国际研究中心。

当时的教师队伍主要由本地巴黎教区的神职人员组成,另外也有多米尼克修会、法兰西斯会、奥古斯丁会等修会的会士,其中许多是在欧洲有名的教授,如法国的拉贝拉尔、德国的大阿尔伯特、意大利的彼得·伦巴德等。

慕名而来的学生除法国外,还有意大利、德国、英国、西班牙等,他们都统一使用拉丁语,这样很少有语言障碍。师生们可以聚集在一起共同学习和讨论。

这里的教学方式,一是讲课。在通常情况下,教授的讲课是早6点至8点,所讲的内容是当时大学里通用的基本教材《箴言录》。这本教材是由彼得·伦巴德汇编的,从《圣经》、教会历代的教导和教父们的著作当中摘录下来的言论。另一种教学方式是专题讨论,即当课程进行到一定阶段时,由教授命题,学生讨论或辩论,讨论时学生们分成正方和反方相互一问一答,进而由学士对学生们的各论点进行整理和概括,最后由主持的教授总结。还有一种方式是自由讨论。特别是在四旬斋①和降临节②期间,学生们可以提出任何问题,进行随问随答的即席讨论。这种方式不仅是向学生传授知识,而且是引导学生独立思考。因此,如果主持人不具有广博的知识,是很难胜任的。

学生们的成绩分为两个等级。第一个等级是学士学位,获得了这个学位就好比是行会中的学徒期满、出师,这时就可以在本校协助教授为学生作辅导。第二个等级是硕士或博士学位,获得此学位的学生就好比行会中的师傅,就有了在大学任教的资格。

托马斯·阿奎那在巴黎大学的学习和生活,同在那不勒斯没有多大的差别,不过或许是由于来巴黎前的那场风波,他的性格更显得内向,思想也变得更深沉了。在课堂上,他总是连续几个小时静静地坐着,像吸水纸似的如饥似渴倾听老师讲课。讨论时,他通常是一言不发,从不对人们讨论的问题提出自己的见解。别的同学们乐于炫耀自己的学识,而他却甘当这个知识太空中的一颗暗淡的小星。有人对此风趣地说,当远比他暗淡的光不知羞耻地在他下面很远的地方闪烁时,他却孤寂地高高悬在空中,甚为怯懦地闪烁着自己的光辉。同学们很难听到他讲话,他那沉默寡言和酷爱思索的个性,以及他那硕大的头颅、笨重的身躯、迟缓的行动,使爱打闹取乐的同学们给他起了一个绰号——西西里哑牛。一天课间休息时,一个好开玩笑的同学望着窗外喊道:"瞧啊,天上飞着一头牛?选"听到喊声,托马斯·阿奎那把头探到窗外寻找,结果引起哄堂大笑。当他明白过来之后,带着蔑视

---

① 四旬斋:又称大斋节,教会规定在"主进圣城日"(复活节前一周的星期日)前的 40 天为此节,是基督教徒禁肉欲、节饮食的节期。

② 降临节:圣诞节前第四个星期的星期日起至圣诞节止,是教会纪念圣灵降临的节日。

的神情，表情严肃地对着那些同学说："我没有傻到会相信牛能在空中飞的程度，但是我也不能相信，一个献身上帝的人会无耻地说谎。"

托马斯·阿奎那在大学里极为勤俭，生活非常清苦，但他在饭量上是个大肚汉，他那体壮如牛的笨拙形象经常被无知的人视为笑柄。一次，他听到有人在背后说他是"大肚酒坛"，他笑笑，以哲学家的口吻说："你们见过黄瓜吗？他没有食物也能生长。"

巴黎大学，既然是由教皇认定的一所教会大学，课程的中心内容无疑是基督教教义，讲授基督教神学应该是天经地义的。但是，托马斯·阿奎那走进这所大学的时候，亚里士多德的著作已经被阿拉伯等哲学家译成拉丁文，并在学校广为流传，深受读者的欢迎，特别是亚里士多德的自然哲学尤为师生们所钻研。这时，以柏拉图主义为理论根基的奥古斯丁主义者们则把亚里士多德的学说视为洪水猛兽，竭力抵制，横加指责。巴黎大学作为国际哲学和神学的学术中心，在两种思潮、两种势力争斗的时候，势必面临严峻的考验。

不过，人们也发现，在巴黎大学里，尽管教廷官方极力坚持基督教的传统思想，而亚里士多德的哲学，已成为不可阻挡的时代潮流。许多开明的学者教授们顺应思想发展，采取开放的态度，正在认真反省以往的神学哲学。大阿尔伯特教授就是认真对待亚里士多德哲学的著名代表。

学识渊博、思想开阔的大阿尔伯特，也早就注意到了托马斯·阿奎那这个沉默寡言、勤于思索的年轻人，常常把托马斯·阿奎那叫到自己的书房，一起讨论神学、语法、逻辑，特别是更深入地探索形而上学的问题。在老师的指导下，托马斯·阿奎那对亚里士多德思想的理解有了长足的进步，老师也进一步看到了这位学生的才华。

一次，在大阿尔伯特主持的学生讨论会上，托马斯·阿奎那好像忘记了学生对问题只作正方或反方论证的惯例，直接提出了自己对结论的看法。按照讨论的程序，结论必须是由主持会的教授来宣布，托马斯这简直是以教授自居？选一时间，全班同学目瞪口呆，鸦雀无声。作为主持人的大阿尔伯特不得不发出警告："你的任务是只提出论证。"其实，大阿尔伯特对这个高足在作结论中表现出来的聪明才智和精确判断是无比喜悦的，在寂静片刻之后，他向学生们说出了这样的预言："你们可以说他是一只哑牛，但是这只哑牛在学问方面的吼叫声将响彻全世界。"

2. 老师引导

托马斯来到巴黎大学不久，与著名教授大阿尔伯特不仅仅是一般的师生关系，而且成为亲密的朋友了。

大阿尔伯特（约1206—1280年）是德国人，同托马斯一样是多米尼克修会的会士，曾就读于意大利北部的帕多瓦，1243年被派到巴黎学习神学。在巴黎大学获神学博士学位，后任巴黎大学神学教授。这在当时欧洲的学术界已经是最受尊敬的最高学位和最高权威了。罗吉尔·培根曾这样记叙过他的影响力："他在学校里像亚里士多德、阿维森纳与阿维罗伊一样被人引述，但不像那些人，他在世时就被奉为权威。""他仍在世的时候，就在巴黎被授予博士称号，并在学校里当作权威被引用。"[①]经院哲学的惯例是不以活人的著作为权威意见，大阿尔伯特被誉为活着的权威，足见其在当时影响之大。他知识渊博，博

---

① 赵敦华：《基督教哲学1500年》，人民出版社1994年版，第276页。

览古代东西方经典文献,特别是对希腊和阿拉伯的自然哲学著作感兴趣,有"万能博士"的称号。在亚里士多德自然哲学的影响下,他意识到当时的动向,特别注重实验科学,对动物学和植物学的研究尤为出名,编著有《自然哲学概论》《动物学》《植物学》等书。有人认为与其说他是哲学家,毋宁说他是伟大的科学家。在中世纪,自然科学往往被看作魔术的情况下,他真可谓是一位有胆量的大学者。大阿尔伯特渊博的知识,主要来源于亚里士多德的著作,他是第一个系统、全面地介绍亚里士多德著作的拉丁学者,他对亚里士多德主义所作出的贡献,不在于阐发或深化了其中的某些具体理论,而在于造就了哲学研究中的科学之风。为了维护哲学的科学性,区分哲学与基督教神学,大阿尔伯特又第一次划分了哲学与神学,区别了理性与信仰。他提出哲学和神学的认识途径不同,哲学依靠自然之光,按照事物自身认识事物;神学依靠超自然之光,根据信仰认识事物。但是,他毕竟是一位神职人员,认为两种光都来自上帝,哲学和神学最后殊途同归。这样,他一方面由认识途径入手区分哲学与神学,另一方面又反对哲学脱离神学的"双重真理论"。大阿尔伯特虽然希望引用当时流行的亚里士多德主义,论证基督教信仰,排除当时神学和哲学的危机,但却在这条路上没有继续走下去,只是为后人确立了一个出发点。事后证明,托马斯·阿奎那正是沿着老师的思路,重建哲学与神学、理性与信仰的关系,即利用亚里士多德哲学理论,为基督教义提供新的论证,成为老师这个设计的具体实践者和完成者。

大阿尔伯特不仅以自己的远见卓识影响自己的学生,主要还是他的思想和教育给托马斯·阿奎那开辟了道路。托马斯·阿奎那十分敬佩这位多才多艺、热情风趣的老师,尊重老师的开放态度和创新精神,认真领会老师关于亚里士多德学说的论述和理论应用,每当老师授课,他总是认真记录所讲的每一个观点和分析。现在在托马斯·阿奎那的手稿中,还保存着他记录的大阿尔伯特讲授亚里士多德伦理学说的笔记。

老师也特别喜爱这位善学多思的学生,把自己最新的观点、最新的成果以多种方式传授给这位学生。一次,大阿尔伯特特别制造了一个会说话的机器,这在那个时代是非常稀奇和不可思议的。大阿尔伯特在托马斯对此还一无所知的情况下,偷偷将这个"怪物"放置在托马斯的面前,托马斯猛不丁看见这个"怪物",并听见里面发出的声音,大吃一惊,认为这肯定是魔鬼的作品,并伸手狠狠地朝这个"魔鬼"打去,引得老师哈哈大笑。

1248 年,多米尼克修会在巴黎召开代表会,会上决定在德国、意大利和英国等地开设新学院,扩大教育网点。大阿尔伯特奉命赶赴科隆主办多米尼克修会的神学研究院时,特意把托马斯·阿奎那带在身边,让他参加注释亚里士多德的著作、汇编百科全书和编写大学教材等许多工作。大阿尔伯特所进行的这种工作,是一种新的尝试,同时也确确实实为托马斯·阿奎那后来用亚里士多德学说改造经院哲学理论体系打下了坚实的基础。

在老师的精心照顾和重点培育下,经历四年寒窗,托马斯·阿奎那以优异的成绩获得学士学位,并晋升为神父。

老师大阿尔伯特也对自己的高才生信心十足,一心想把托马斯尽早捧上讲坛,开展新思想的宣传。恰巧当时巴黎大学神学院有一个教师名额的空缺,大阿尔伯特便竭力向多米尼克修会总会会长推荐托马斯上任。

然而,当时的修会总会会长考虑更多的则是巴黎大学学派众多且斗争尖锐激烈,托马斯·阿奎那本人又刚刚毕业,过于年轻,缺乏任教资历,缺乏处世经验,恐怕难以应付,更难以胜任。

照常理,巴黎大学是国际上有名的哲学、神学学术研究中心,不同观点的论争纯属正常。关键是这里人际关系相当复杂、紧张。巴黎大学的教师队伍,原本是以本地教区的神职人员为主,后来,各修会的会士们也逐渐参加进来,这些会士在教师比例上虽然不占优势,可大有后来者居上和喧宾夺主之势。这主要是由于:其一,教皇直接领导修会,到巴黎大学任教的教会会士又是教皇所信任和直接委派的,所以,这里的会士拥有凌驾于本地神职人员之上的优越地位。其二,修会能够广罗人才,培养出较高学历和素质的师资,所以由会士充任的教师在教学能力和水平方面在同行中稍胜一筹。其三,修会物质实力比较雄厚,有条件修建比大学更齐备的书院和宿舍,从而能够吸引更多的学生前往求教,如此等等。这不仅引发了大学与修会之间的矛盾,也造成了大学内部本地区神职人员与会士之间的对抗,这种对抗在大学往往直接表现为争夺教师的职位上。隐修会总会会长通过对现实情况的反复考虑,认为托马斯·阿奎那初出茅庐,没有经验,不敢贸然答应。曾任巴黎大学教授的大阿尔伯特,并不是没有看到以往本地神职教师给会士教师在不断制造麻烦,反对会士教师的情绪还在日益高涨。可是,大阿尔伯特熟知托马斯的才华,相信他的能力,迫切希望他能及早发挥作用。于是,大阿尔伯特便越级向主教陈述自己的意见。在推荐陈述中,他评价托马斯对亚里士多德学说有很深的造诣,说托马斯相信亚里士多德的学说比较接近真理,完全可以为教会所利用。大阿尔伯特从托马斯的学术观点同教会的利害关系加以强调,如果托马斯能够走上讲坛,促使亚里士多德那些大胆而新颖的见解付诸实践,担保对教会有百利而无一害。这位主教曾经与大阿尔伯特共事多年,而且他们在对待亚里士多德学说的问题上又早有共识,于是,他以长者的身份劝说总会会长采纳大阿尔伯特的意见。

不久,托马斯·阿奎那离开科隆,取道法国,赴巴黎大学任教。

3. 初登讲坛

1252 年夏天,托马斯·阿奎那登上了巴黎大学的讲坛,从此开始了公开宣讲和论述基督教神学和哲学的生涯,先后长达 22 年。

托马斯·阿奎那是在极其艰难的情况下开讲他的第一堂课的。这主要因为:首先,巴黎大学里头教会内部以及教职人员之间的斗争日趋白热化,尤其突出的是,本地神职人员教师强烈抗议修会会士主持本校的神学讲座。因为在那里,神学是一门最高的学问,主持神学讲座就意味着拥有最高权威。当时巴黎大学所开设的 12 个神学讲座中,有一半以上已被多米尼克修会、法兰西斯会、奥古斯丁会等所把持,仅多米尼克修会就占据了其中的两个讲座席位。托马斯来到巴黎大学时,正是本地神职人员联合起来罢教抗议,要求收回多米尼克修会两个席位的呼声最为高涨的时候。作为多米尼克修会会士的托马斯,就是在这种剑拔弩张的气氛中跨进学校大门的。其次,学校里的一些奥古斯丁主义者,顽固坚持柏拉图主义,更加起劲地反对亚里士多德的学说,指责亚里士多德的哲学背离了神学传统,危害了宗教信仰。因而千方百计想把亚里士多德的学说挤出校门。初任教师的托马斯,既在那不勒斯受过自由主义思想影响,又在大阿尔伯特老师的指导下,深入研究过亚里士多德哲学,因而他势必被保守派视为异端分子,也必然会在反对者的冷嘲热讽和一片嘘嘘声中登上讲台。

然而,年轻气盛的托马斯·阿奎那,如初生牛犊,毫无畏惧,以其顽强的意志和丰富的斗争经验,恪尽其教书职责。他那和蔼的态度、高超的水平、清晰的阐述、机智灵活和能言善辩的才能,很快赢得了学生们的拥护和尊敬。在讲授的内容上,他思想新颖,应合时兴的哲学新思潮,即一改历来沿用的柏拉图、奥古斯丁主义先验的旧理论,大胆地采用流行的亚里士多德主义,特别是其中的形而上学理论和自然哲学理论,承认客观现实和感性经验,注重理性认识和实验证明,在传统的经院哲学绝对信仰的原则中,注入感性经验和理性思维的理论,给基督教教义作出新的哲学论证。

按巴黎大学当时的规定,托马斯·阿奎那作为学士职位的教师,首先是讲授《圣经》,对《圣经》作了不少注释,而后教授彼得·伦巴德的《箴言录》。

1254 年,托马斯·阿奎那开始讲授《箴言录》。《箴言录》共 182章,30 万字左右,是基督教的一本教义纲要,也是中世纪大学的标准教科书和学生的必修课。为了讲好这一课,他对《箴言录》逐字逐句进行了注释,并加进了大量的论证,阐发了自己的观点,后来汇编成四卷,约 200 多万字,定名为《彼得·伦巴德〈箴言四书〉注释》。这部洋洋大观的巨著,是托马斯早期的一部重要著作,是他教学和著作的开端。在这部巨著中,托马斯所引用的大多还是教会历代的经典著作,引用亚里士多德的言论还不算多,但采纳亚里士多德的论点已是十分明显的了。因而被称为是基督教教义的新型的哲学论证,是忠于宗教信仰和革新实践理论的最早的力作,其手稿存放在梵蒂冈图书馆。

事后,曾经是第一位为托马斯·阿奎那作传的陶高在记述中说,罗马教廷在收集材料证明托马斯可以列为圣人时,《彼德·伦巴德〈箴言四书〉注释》一书所反映的杰出理论是一个重要证据。的确,在 1323年罗马教廷正式宣布托马斯为圣人时曾这样评价:"托马斯对任何问题,哪怕是十分复杂和深奥的难题,他都能做到深入浅出清楚地解答,他那渊博的知识、深邃的思想、清晰的论证、新颖的理论,很快使巴黎大学校园里掀起一股有利于教会的新的学术浪潮。"①就是到了现代，也不乏对这部著作的称赞。现代新托马斯主义者、托马斯著作的权威人士蒙多纳曾宣称："《彼得·伦巴德〈箴言四书〉注释》这部著作倾泻出来的杰出理论，其他老师都是无法与之比拟的。这种无与伦比的杰出理论，吸引了许多学生去追求知识。""像箴言四卷这部注疏，迄今找不到一部可以媲美，它真是空前绝后。"②

不过，托马斯·阿奎那本人当时对自己的这部著作并没有很高的评价，他意识到这部著作并不完善，也不是自己成功的代表作，还计划加以修改。被后人公认为托马斯代表作的是他10年后的，与《彼得·伦巴德〈箴言四书〉注释》的框架和体例基本相同的，内容更为丰富和充实、论证更为条理和系统的，完整体现了托马斯神学和哲学思想体系的《神学大全》。

托马斯·阿奎那在巴黎大学最初执教的日子里，还应多米尼克修会会友之约，撰写了《论实有与本质》和《论自然原理》两篇文章。这两篇文章虽然不长，但是已经反映出托马斯的哲学功底，是他哲学体系的早期杰作，也是他所有著作中独有的两篇纯哲学论述，标志着托马斯的形而上学思想基本定型。这两篇自然哲学短文，从形式上看，似乎是解释亚里士多德"第一哲学"的一些概念、术语，因而被视为学习亚里士多德哲学的通俗的、入门性的小册子。从内容上讲，作者在认真分析形式与质料、实有与本质等基本概念的基础上，解答的是长期以来哲学界争论不休的形而上学的难题。托马斯是针对当时学者们关于实体与物体、抽象概念与具体存在之间关系的形而上学争论而撰写的，而不是一般的普及型读物。在这篇短文中，他独排众议，力图从可感性时空中的具体而个别的存在为出发点，进而达到最高的"存在

---

① 傅乐安：《托马斯·阿奎那传》，河北人民出版社1997年版，第24页。
② 蒙多纳：《托马斯·阿奎那原著》，瑞士弗赖堡1910年2版，第67、99页。

本身"，即上帝这种存在与本质同一的"绝对存在者"，从而建立起以"现实存在"为基础的形而上学体系。托马斯断言，存在常常是某一本质的实现，存在之于本质，犹如现实之于潜能，所以存在绝不是什么偶然性。由此可见，大阿尔伯特关于"哑牛"的吼叫声将响彻全世界的预言，似乎得到了初步应验。

托马斯·阿奎那虽初登讲坛，但已不像学生时代那样沉默寡言了。他热情启发学生分析和思考，他精神抖擞，手持书卷，旁征博引，侃侃而谈，他尤其习惯于用亚里士多德哲学观点解决疑难问题。初登讲坛的托马斯，一改过去那种笨拙而迟钝的形象，换上思维敏捷、头脑清晰、目光犀利的神态，十足表现为学识广博和见解独到的老师。

初露头角且思想新颖的托马斯·阿奎那，在巴黎大学里引起了极大的轰动：一是青年学生们拥护他、爱戴他，赞誉他是有创新思想的教授；二是来自教会内部的保守派，为了控制巴黎大学这块宣传教育阵地的支配权，极力指责他制造混乱；三是巴黎地区的神职人员出于自身的利益和地利优势，反对、攻击这个外来的多米尼克修会会士；四是法兰西斯会会士们，为了坚持奥古斯丁主义的传统，指责他借用亚里士多德主义，篡改基督教哲学原理，违背基督教基本教义，制造异端邪说，蛊惑人心，损害教会传统思想……在各方势力的联合夹击下，这个崭露锋芒的青年教师，于1254年被撵出巴黎大学的讲坛。

第四章
教授生涯

　　围绕着托马斯·阿奎那晋升教授,神职人员同修会会士的斗争,修会与修会之间的矛盾,新思潮与旧信仰的冲突蜂拥而至,酿成了满城风雨的教授任命事件。历经一年的争斗,托马斯·阿奎那终于可以理直气壮地以神学最高权威的身份阐发自己的见解了。

1. 晋升教授引发的争斗

历史规律和意识形态发展的规律都是不可逆转的,尽管基督教哲学从其鼻祖奥古斯丁开始,就一直推崇柏拉图,排斥亚里士多德,而当前,亚里士多德的著作开拓了人们的视野,诱发了人们的新思维,崇尚亚里士多德学说的热潮尤为高涨。相反,柏拉图主义却显得陈旧落后了。

在无法阻挡的新思想、新潮流面前,巴黎大学校长不得不改变策略,于1256年重新让托马斯·阿奎那返回巴黎大学,继续作革新的尝试,并根据托马斯以往的教学成就和在学生中的影响,建议授予他博士学位,破格晋升他为巴黎大学教授。对于巴黎大学校长的建议,教皇当然是十分高兴和全力支持的,因为教皇向来偏爱修会会士,一旦托马斯就任神学教授,就可以名正言顺地主持大学里最高荣誉的神学讲座了。

然而,校长的建议和教皇的意愿,巴黎大学教师协会却迟迟不予批准。这其中的原因是多方面的,最为明显的是本地神职人员教师与修会会士教师之间的矛盾与日俱增,愈演愈烈。本来本地神职人员教师对修会日益高涨的势力就十分警惕,曾提出过限制修会教师权力、禁止修会会士教师参加教师协会、严格控制会士教授的名额等主张。本地神职人员教师队伍的代表人物圣阿姆的威廉(1210—1270年),也曾专门写了《近代危机》等文章,专门指责修会会士,强烈要求会士们不要在社会上花言巧语、蛊惑人心,要回到自己的隐修院去祈祷和劳动。现在要任命托马斯为巴黎大学教授,岂不是火上浇油。所以进一步激起了本地神职人员的抗议浪潮。

为了使托马斯·阿奎那教授职位的任命变为现实,教皇进行了一系列的活动:一是开除反对派头面人物威廉的教职,并责成法国国王路易九世将其驱逐出境,杀一儆百,以压制反抗浪潮。二是要国王派遣重兵24小时护卫隐修院,以防不测。三是明令禁止各种示威活动,以确保教授任命的隆重仪式顺利进行。四是多次亲临巴黎主教府,责令其以巴黎大学直接领导的身份,通知教师协会批准托马斯担任神学教授,并确保以后不得再反对修会会士参加大学教师协会……

除了本地教区神职人员与会士教师之间的争斗外,还有更为激烈复杂的修会与修会之间的斗争。这主要是教廷当时又别有用心地提出了让多米尼克修会会士托马斯·阿奎那和法兰西斯修会会士鲍纳文多拉(1221—1274年)一同晋升为神学教授,并且让两人在巴黎大学进行辩论。教会当局这样安排,一方面是由于时代给他们提出的难题,这就是从罗马帝国后期到中世纪前期的历史动乱中人们形成了一个观念:靠自身的力量无法左右自己的命运,只有靠超越人类之上的神的施舍,才能得救,以奥古斯丁为代表的神学理论正是这个时期的思想反映。自11世纪以来,欧洲社会经济的迅速发展,使人们对自身的力量有了新估价,认为人是有力量改变环境与自身命运的,亚里士多德主义在欧洲的传播及其理性主义支持了这种新的觉醒,给了人们一个崭新的思想武器来重新认识世界,认识自己的力量,因此,它必然受到新兴的市民阶层,特别是知识界的热烈欢迎。这新旧两种思想的斗争在当时只能以神学的形式出现,因为当时的欧洲只有一个囊括一切的思想理论形态——神学。处在这种新旧思潮斗争中的教会,是维护旧传统,还是接受新思潮,是每一个神职人员都不得不作出抉择的。另一方面,教会当局这样安排,也暴露出他们的矛盾心态,即柏拉图主

高权威,应该为上帝而奋斗和献身了。他把自己关在小屋子里,默默地向上帝祷告:至高无上的造物主呀?选你是生命与智慧之源,请你赋予我理解的机敏和才智,给予我记忆的力量、学习的方法和谈吐流畅地表达思想的能力。他把手背在身后,眼睛中流露出若有所思的神情,步态坚定地踱来踱去,头脑中憧憬着未来的艰辛与喜悦。

然而,他似乎又陷入了深深的苦恼之中。他想,在神学看来,信仰是至高无上的,那么信仰、神学同理性、哲学是一种什么样的关系?一幕幕的现实生活在他的脑海中闪现,他看到披着深红色道袍的主教们浩荡行进的队伍,听到他们相互致意时所称呼的显赫、浮华的头衔,这难道就是诚信、神圣、谦恭的基督教吗?他觉得现时教会的全部礼仪以及那些圣物和信条,已经变成了外表华丽的饰物,基督教会已经从上帝的力量变成了教士的力量。他几乎不敢再承认宗教信仰了。

的确,当今的教士们损害和歪曲了福音书的信条,这些基督教徒渴望能看到耶稣的肉体乃至心灵,但却忘记了真正的基督教精神。那些人只知信奉、祈祷,却不去理解其中活的灵魂。托马斯·阿奎那觉得,自己不能愧对神学教授的职位,应该让人类恢复真正的基督教道德。他决定开始把教皇们历代的训诫和《圣经》的启示,编制出一个包罗基督教世界的理智、道德、神学于一体的基督教的神学哲学体系。

托马斯·阿奎那认为,有些人用爱来呼唤上帝,有些人用理智来呼唤上帝,自己完全具备把基督教神学变为神学哲学的精巧的理性。从未听说过基督的亚里士多德,不是为福音书提供了论证吗?亚里士多德把世界看作是质料和形式的产物,质料是创造世界的材料,形式则作为一种潜在的能力使世界处于一种不断生成、永远追求更高级的表达形式的状态。形式先于质料而存在,世界开始于形式和质料相结合的时候。托马斯·阿奎那看到,他身边那些开明的教授们,把亚里士多德的这种哲学,从非宗教的世界引入到基督教领域,把亚里士多德的形式类同于基督教的神性,把亚里士多德的质料类同于基督教的肉体,旨在论证基督教神学的"道成肉体"说。托马斯认为,这些教授们为了保护亚里士多德的学说免受攻击,很满意他们自己对亚里士多德学说的基督教化的解释。托马斯又进一步认为,教授们的这种解释,只是诠释和复述,很难看出有什么独特,托马斯当然不会赞同这样的诠释,他要以富于独特性的头脑,阐述自己独特的具有时代性、革新性的信念。

托马斯·阿奎那全身心地投入到了教学、写作、讲课和主持讨论之中,对哲学神学的思考简直到了痴迷的程度。讲台上,他总习惯扬着头,双目紧闭;走路时,总是低着头,默默不语;吃饭时,常常是避开同学们的喧嚷,躲到一个僻静的角落里;斗室里,写、看、想成了他除睡觉之外的全部内容。在他的心目中,这个世界上好像是除了亚里士多德、上帝、哲学之外,其他什么也不存在了。所以,不管在什么场合下,他常常是因为对这些问题的某些卓识而叫起来、跳起来,使得周围的人莫名其妙。

一次,托马斯·阿奎那同几百个人一道被邀请到法国皇宫赴宴,席间,客人们相洽甚欢,托马斯却旁若无人。当人们全神贯注地倾听国王口若悬河的演说时,已走神的托马斯突然把拳头猛砸在桌子上,喊道:"这一定会使异教徒信服?选"所有的客人都被惊呆了。有谁竟敢这样放肆地打断国王的话呢?所有的目光都盯向托马斯。这时,国王从王座上注视着托马斯,等待着他作出解释。

"我刚才做了个梦,陛下。"托马斯以刚从睡梦中清醒过来的神态连忙回答国王。

"陛下,我一时忘了我在什么地方。我正在思考哪些论证支持我的哲学以反对怀疑论者。"

国王和蔼地笑了,说道:"我要命令我的秘书们把你的论证记录下来,为了将来你一旦忘记了它们时备用。我相信它们是有价值的。"

托马斯·阿奎那忘我工作,突出表现在他主持讨论方面。巴黎大学学生的讨论,由教授主持,通常分为自由讨论和专题讨论。

自由讨论,任何人都可以参加,不定题目,不拘形式,随问随答,所提的问题漫无边际,有些问题是当时很现实的,如修士是否有义务从事体力劳动等;有些问题出于学生的好奇,如在地狱里是否有实在的虫等(托马斯回答说,没有?选那里只有良心和持续的剧痛);有些问题庸俗肤浅;有些问题是在开玩笑;也有些问题纯属刁难。主持这样的讨论,如果没有广博的知识和卓越的才能是很难胜任的,托马斯总是能对其中的问题作耐心的回答,并总是把讨论的问题进行书面汇总,仅现存的托马斯自由讨论集就有 10 万多字。

专题讨论是一种很规范、很细致、理性很深的讨论。这种讨论首先是有主题,每个主题又分成若干个问题,一般分为 10 个问题,多的达 17 个。托马斯·阿奎那在巴黎大学直接主持,并自己编入专题讨论集的有真理、上帝、天使、天命、预定、思想、先知、认识、信仰、善、自由意志、神思等 29 个专题。如其中的"真理"这个专题,他分成了 12 个问题让学生讨论,即"什么是真理?""真理在理智的综合和分析中吗?""真理只有一个吗?""真理在感觉中吗?""感觉会有错误吗?""理智会有错误吗?"等。如此,29 个讨论的主题共分成了 253 个问题,可见讨论次数之多,涉及范围之广,工作量之大,是十分惊人的。托马斯同样把这些专题讨论汇集成册,共 50 多万字,书名为《论真理》。仅此就超过了流传下来的亚里士多德全部著作的一半。然而,托马斯在主持讲座方面的工作量和认真程度不止这些,他还有 10 本专题讨论集,如:《论上帝的能力》《论精神性的受造物》《论灵魂》《论恶》《德行总论》《论基本道德》《论爱》《论友好的规劝》《论希望》《论道成肉体》等。不过,能够反映出托马斯·阿奎那当时基本思想的,还是那本《论真理》。仅就这些名目众多的讨论集,就足以说明托马斯·阿奎那对教学工作的狂热、执著及其突出的业绩。

同时,这位精力充沛的年轻教授,在繁重的教学工作之余仍坚持学习和研究，在任巴黎大学神学教授的 1257 至 1258 年期间，托马斯·阿奎那还注释了 6 世纪著名哲学家、被基督教称作神父的波爱修的《三位一体论》和《周期论》。

《三位一体论》是一部神学著作，但托马斯·阿奎那在注释中阐述了许多有关人类的知识和自然科学问题。其中托马斯对思想所依据的形象作了充分评价，他认为，人的理性不仅限于认识物质的东西，而且也认识非物质的东西。其关键是借助于"形象"，即使是感觉经验的形象不够精确，但也不能没有它。他说："形象是人类认识的来源。我们理智活动就是从它那里开始的。它不仅仅是霎时间的一种刺激，而且是理智活动的一种持久的基础。"①托马斯·阿奎那在对这本书的注释中，还根据亚里士多德关于"理性科学"和"实用科学"的划分，把物理学和医学进行界定和分开。指出，理论科学是以追求知识为目的的科学，实用科学主要是应用于具体实际。虽然这两门科学不能截然分开，但医学与物理学的关系是间接的，作为以实际应用为目的而发展起来的医学，并不直接属于物理学。

《周期论》，原著共 7 个部分，约 2 万字。由于篇幅甚短，托马斯·阿奎那将其列为 5 讲：公理、存在与主体、天赋的善与本质的善、事物本质的善及其根源。托马斯借助亚里士多德的学说，对波爱修提出的一些形而上学的概念作了分析后断言，宇宙万物就其存在而言，都是善的，但它是相对的善，只有第一而最高的善，才是绝对的善。宇宙万物的善来自于第一而最高的善。这第一而最高的善就是上帝。托马斯·阿奎那最后得出结论：唯独上帝是宇宙万物的唯一原因。

托马斯·阿奎那在这期间，完成了大量的注释和专题讨论集。不过，能够反映出他当时基本思想的还是那本《论真理》。

---

① 傅乐安：《托马斯·阿奎那传》，河北人民出版社 1997 年版，第 33 页。

3. 论 真 理

人们通常把托马斯·阿奎那在巴黎最初的教授生涯中所主持的讨论,称为他重要的里程碑。其中,《论真理》又是这里程碑的主要部分。

《论真理》涉及了哲学和神学的许多方面,是由 29 个讨论的主题构成的,其中第一个主题——真理,又是由 12 个辩论题目组成的。现就以第一个主题的第一个争辩题目"什么是真理"为例,说明一下讨论的形式及托马斯在这个问题上的观点。

在讨论"什么是真理"时,首先提出的是关于真理的 7 个论证,来说明真理即存在。

第一个论证是奥古斯丁的名言:真理就是存在的东西。什么是真理? 按照奥古斯丁的说法,真理就是存在,而上帝的存在是最明显不过的,谁也无法否认,上帝即真理,真理即上帝,这真理是永恒不变的。奥古斯丁把最高的真理归为上帝,从而得出结论说:"所以,无论如何,上帝存在你是无法否认的。""上帝存在着,而且真实地、无与伦比地存在着。我认为,我们不仅对此信以为真,而且掌握着十分可靠的知识,尽管迄今它是极其脆弱的。"[1]

第二个论证是亚里士多德在《形而上学》中对真理的定义。他们

---

[1] 奥古斯丁:《论自由意志》II,第 15、19 页。

在争论什么是真理时,引用了亚里士多德对真理下的一个著名的古典定义:"每一个事物的真理与各事物之实是必然相符合的。"亚里士多德反对"大家意见一致就是真理"的看法,认为:"真理并不由持有信念的人数之多寡来决定,同一物,有些人尝之为甜,另有些人尝之为苦,由此推广而循思之,若世人皆病,或世人皆狂,其间二三子独健或独醒,世人必以二三子为病为狂。"①亚里士多德还指出了真理是具体的,对同一事物说的一句话、一个意见,既可能是正确的,也可能是错误的,究竟是正确还是错误的,要以当时的实际情况而定。

接着是5个相反的论证,认为存在与真理绝不是同一个东西。

最后,托马斯·阿奎那对这场辩论进行裁决。他先是区分了"真"和"真理"在3种意义上的区别,指出,真理表示的是心灵与实在之间的一种关系,即思维和思维对象的关系,或者说是思想和思想内容的一致性。但是,使思想成为"真"的事实本身,也可以称作是"真理"。正是在这种意义上,我们可以说,真理就是存在的东西。除此之外,我的某些似乎没有根据的思想都有可能是与事实相符合的(不论我自己是否知道),只是在我判断一个思想与实在相符合时,真理这个观念才有了一种特殊的意义,所以我们可能断言,真理是以不同的方式分别属于实在、思想和判断的。在进行了这3种意义上的区分之后,托马斯·阿奎那又对前边的7个论证逐个进行分析说明,找出其中哪些是正确的,哪些是错误的。

仅对29个主题中一个主题里的一个小问题的讨论,就经历了这样一个严肃认真的长过程,如果把这一个实际论辩过程逐句启示的话,可以估算出这个辩论大约需要5小时。

托马斯·阿奎那所主持的这个"什么是真理"的讨论,对以后的哲学家们是有一定影响的。在20世纪的一些哲学家中,尽管他们与托

---

① 亚里士多德:《形而上学》,第15、33、72页。

马斯·阿奎那对这个问题的认识不完全一样,认为真理的原始负荷者,即实现这种符合的东西,并不是思想或判断,而是句子或命题,但从结论上都与托马斯·阿奎那一样,相信真理在于与实存相符合。当代对于"什么是真理"的各种争论中,在许多方面也与中世纪的这种辩论是相对应的,如现在哲学家所争论的命题改变其"真值"的问题,托马斯·阿奎那在为"真理"这个讨论主题所列的第 6 个辩论题目,也正是提出了这样的问题:"创造出来的真理是永恒不变的吗?"今天的哲学家们,仍在为真理的定义而思索着,思索的框架仍没有摆脱亚里士多德在《形而上学》中的论述。当今的"真理多余"论就是与"真即存在"这个命题是一致的。根据这个理论,在一切关于"P 是真的"这种形式的句子中,"是真的"一词在逻辑上是多余的,好比说"'狗是动物'是真的"与"狗是动物"没有任何区别。

《论真理》所汇集的对辩论题目的讨论,基本上都是这样进行的。托马斯·阿奎那在上述题目的讨论中,对真理作了三重区分,即真理以不同的方式分别属于实在、感觉和判断。以此为前提,在以后论题的讨论中,他又努力证明了人是具有认识能力的,并且坚信真理是可以认识的,在认识真理的活动中,人的理智会清楚地知道自己能够获得真理。因为,真理主要是用句子或命题来表达的,有些命题是不容置疑的(如,全局大于局部),所以,在承认这种不容置疑的命题为真理时,理智就不仅承认了这个命题的真实性,而且也承认自己的思想只有在符合实在的情况时,才算是认识。正因为如此,托马斯·阿奎那得出结论说,真理主要是在判断中,即真理是"理智在判断事物实际情况时的活动结果。真理之为理智所认识,在于理智反思自己的行为,也就是说,在于理智不仅认识自己的行为,而且还认识自己的行为与事物是相符合的。如果认识不到自己行为的性质,就不可能认识这种关系,如果认识不到自己的基本行为的性质即理智自身的性质,就不可能认识自己与事物是相符合的。所以,理智之认识真理,在于它自我反思。"①

托马斯·阿奎那坚信,在反思自己认识的过程中,理智会告诉自己有获得真理的能力,即人们实际上认识某一具体事物时,既相信这个世界是实在的,又相信这个世界是可知的。相反,任何人都不会不理智地去认识那些既不存在又不可知的事物。

由此可见,托马斯·阿奎那在认识与真理这个问题上,绝不是把世界放进一个预先设计好的模型里,而是当可知的世界反映给理智时,由理智去反复思考。我们现在可以从中看出,托马斯·阿奎那既不同意先验论,也反对怀疑论,他的真理论同他的其他理论一样,带有折衷或协调矛盾的倾向。

托马斯·阿奎那在巴黎大学短短的 3 年教授生涯中,刻苦勤奋,努力工作,果断地撇开柏拉图主义,接过亚里士多德主义,让亚里士多德同柏拉图一样为基督教服务,用亚里士多德哲学更新经院哲学,力图再一次树立起基督教哲学的权威。他的这种想法和做法,尽管当时有些人还不理解,甚至拼命反对,但是毕竟反映了基督教在新的历史条件下的客观需要,反映了基督教哲学在新的思想潮流中的发展方向。托马斯·阿奎那本人也再一次在巴黎大学赢得了声誉。特别是教会,对于托马斯·阿奎那使经院哲学由被动变为主动极为赞赏,教皇亚历山大四世要把他召回意大利,任罗马教廷神学顾问,即神学最高的学术和理论权威。

1259 年春,一位英国多米尼克修会会员接替了托马斯·阿奎那在巴黎大学的神学讲座。不久,托马斯·阿奎那便离开了巴黎,应召前往意大利。

---

① 托马斯·阿奎那:《论真理》,第 1 题,第 9 讲。

第五章
来往于教皇与学者之中

　　托马斯·阿奎那自 5 岁开始,经过了 10 年的隐修院教育和 7 年的那不勒斯苦读,在一场风波过后又奔赴巴黎大学。在巴黎大学里,他从学子到教授,风风雨雨将近 14 个春秋。现在,他离开巴黎返回意大利,要在教士与学者们之间奔波 9 个年头。这 9 年,是他走出校门、体察社会、广泛交往、探求知识的 9 年,也是他思想成熟、开始收获的 9 年。

1. 教廷神学顾问

托马斯·阿奎那离开巴黎返回意大利后,任教廷的神学顾问,在教廷书院里讲授神学。

当时的教廷还没有固定在梵蒂冈,而是按照教皇各自的实际情况,不断改变地点。1259 年托马斯刚到意大利时,任教皇的是亚历山大四世,住在阿那尼。1261 年新任教皇乌尔班四世在奥维叶托加冕。随着教皇的更替,教廷于 1265 年设在罗马,1267 年设在维台博。这样托马斯·阿奎那在重返意大利的 9 年当中,跟随教皇遍游了上述诸城,同时,又频繁地觐见教皇,往来于学者、外交官和传教士之中。

教会当局之所以十分重视教廷书院,并热衷于聘请神学顾问,更值得一提的是他们为什么选择了多米尼克修会的托马斯·阿奎那?这主要是因为:首先,当时"新思潮"的洪流漫卷西欧的思想理论界,基督教教义受到严重的挑战。这种情况下,教会当局既不会放弃传统的神学,也不会公开接受作为教会异端的新思潮。教会对柏拉图主义和亚里士多德主义孰是孰非、孰优孰劣,还处在心中无数的状态。但是,从教会不再重提过去宣布的亚里士多德的禁令来看,他们对"新思潮"的态度由对立开始向温和的方向转化,并渴望深入学习神学理论,以充实自己,挽救教会危机。其次,就当时最大的两大修会多米尼克修会和法兰西斯修会来看,多米尼克修会提倡会士参与社会活动,热衷于学术研究活动和大学讲学活动,有一批著名的教授,有广博的学识和广泛的社会影响。从教皇任命他们主持宗教裁判上也可以看出，多米尼克修会相对势力要大些，地位要高些。再次，当时教会对亚里士多德主义的传播有三种立场：一是全盘吸收，无条件采纳；二是排斥；三是主张吸收改造。托马斯·阿奎那是第三种立场，他反对无条件吸收，也反对无条件排斥，主张在服务于信仰的条件下的改造与吸收，保留、利用其符合教义的部分，修改、摒除不符合教义的部分。

托马斯·阿奎那的这种态度和思想，对于当时的教会来说，不只是能够接受，而且是迫切需要的。托马斯的方法是调和包括奥古斯丁主义的经院哲学的各派观点，他没有与奥古斯丁的传统神学直接抗衡，也没有公开反驳过任何一个权威人物的观点。他常用的方法是对一个论题或概念的意义做出仔细的区分，然后指出论敌的观点在某一次要意义上是正确的，而在更重要的意义上则是错误的。这样，他把表面上看来相互对立的观点解释为，是从不同角度或不同层次来看待同一对象的结果，即说成是同一认识的不同方面。他即使在反驳奥古斯丁主义者的观点时，也可以使用奥古斯丁的语言来表达自己的意思。由此可见，托马斯·阿奎那的这种调和，又不是一种无原则地把各种观点、学说、倾向掺和在一起的折衷主义。他调和各派思想的基本原则，用他自己的话说，就是"恩典并不摧毁自然，它只是成全自然"[①]。

托马斯·阿奎那在意大利教廷书院讲学，不像在巴黎大学那样固定，常常是改变地点，而且在每个地点逗留的时间都比较短，其讲授方法还是像在巴黎大学那样采用讨论会的形式。他的《论上帝的能力》一书，就是在这里主持专题讨论的汇集。整个集子包括 10 个主题，其中前 6 个问题是关于上帝的能力和创造，后 4 个问题讨论上帝的位格。每个问题又分成若干讲，如第 3 个问题就是由 19 讲组成的，当时

---

① 赵敦华：《基督教哲学 1500 年》，人民出版社 1994 年版，第 410 页。

至少讨论了 19 次。从这本集子的内容看,论题很清楚,而内容却一般,这主要是与教廷书院学生的水平有关。正如最近的一位学者评论的:"《论上帝的能力》中的这些问题尽管比《论真理》中的那些问题表达了更为成熟的思想,但它们却不那么生动和吸引人。无疑作者考虑到了在世界一流大学的听众与一个低等的地方研究院中的听众之间的差别。"①

1261 年至 1263 年间,托马斯·阿奎那在教皇乌尔班四世所在的奥维叶托讲学。据传说,乌尔班四世曾请托马斯为基督教的节日写祈祷诗和赞美诗。尽管托马斯毫无激情的、死板的性格与诗的韵味大相径庭,他还是把一种高度经院化的神学专门术语与简洁生动表达的、学者化的圣经隐喻和宗教热情奇异地结合了起来。其中一节的大意是:

视觉、触觉、味觉尚且会使你受骗
哪有应予信任的真实听觉可言
上帝之子告诉我的
我就看作是真的
没有什么真理
除非是真理自己的语言

这些赞美诗后来在罗马教士中一直很流行。

在任教皇神学顾问的日子里,托马斯·阿奎那不懂希腊文,但乌尔班四世的广泛兴趣使他不能不去熟悉希腊神学家的著作和希腊教会会议的条例。这一努力在他应乌尔班四世之邀而撰写的《斥希腊人的错误》中得到了很好的体现。他采用多种途径,多方面引用古希腊

① 安·肯尼著,黄勇译:《阿奎那》,社会科学出版社 1987 年版,第 27 页。

权威们的著作,他当时为乌尔班四世所作并在教皇死后又花了几年时间才完成的对福音书的连续评注,就是由这类引文交织而成的。这部以《金链》为题的评注,被后来的教父们视为几乎完善的大纲。

在奥维叶托期间,托马斯·阿奎那有幸与阔别多年的老师大阿尔伯特又相逢了。大阿尔伯特深知教皇乌尔班四世对哲学、特别是"新思潮"倍感兴趣,于是率弟子专门来向教皇述说亚里士多德哲学真谛及如何为教会所用的问题,同时也反映作为教皇神学顾问的托马斯,在以往巴黎大学教学中在这方面研究的初步成就。这时,正巧一位希腊著名的翻译家曼培克的威廉也来到奥维叶托。托马斯·阿奎那抓住良机,请这位当时一流的拉丁文翻译家忠实地把亚里士多德的主要著作,由原著的希腊文译成拉丁文。由于曼培克的威廉的精心翻译,托马斯获得了可靠的、真实的材料,从而纠正了以往阿拉伯学者们对亚里士多德著作的误译。于是他感到更真实了,信心更足了,他可以放心地去引用、论证、注释和阐发亚里士多德的思想,使其能更有效地为基督教会服务了。

托马斯·阿奎那忠实履行自己作为教皇神学顾问和教廷书院教学的职责,得到了教会的称赞和信任,他同教职人员的关系也更密切了,以致成了教皇神学理论的代言人、教廷决策的发布者和宗教审判的裁判者。通过广泛接触社会各界和遍游意大利诸多的城镇,特别是在这里又一次得到大阿尔伯特老师的指教和领悟了亚里士多德著作的真实译本,他的思想已经成熟了,形成了今后一贯的神学哲学观:"神学来源于信仰之光,哲学来自于自然理性之光,哲学和神学是两门不同的科学。但是,哲学真理不能与信仰真理相对立。所谓'双重真理',只是达到同一真理的两条不同的知识途径或者两个不同的环节,真理只有一个,那就是上帝。哲学与神学有着共同的对象,如上帝、创世、天使、拯救等,但哲学靠理性认识它们,神学靠天启认识它们。既不能将哲学消融在神学之中,也不能使哲学与神学彻底分离。以信仰为基础的神学和以理性为基础的哲学,永远都不会发生矛盾。信仰可以帮助理性开阔视野,补充和完善哲学真理;理性则可以维护、解释和证明信仰。不过二者不是等值的,神学高于哲学,哲学服务于神学。有一部分神圣对象是哲学靠自然理性可以认识的,如上帝存在及其属性等,有一部分神圣对象则是哲学靠自然理性不能认识的,如三位一体、肉身化、赎罪论等信条,只能靠信仰和权威来把握。关于前者的学问是自然神学,被视为哲学的一部分;关于后者的学问是教理神学。"①

托马斯·阿奎那在意大利来往于教皇与学者之中的 9 年,与巴黎大学相比,自由得多了,时间也比较宽松,他已经有条件、也有能力进行研究和写作了。他对亚里士多德大量著作作了注释与考证,以及他那第一部成功的代表作《反异教徒大全》都是在这个时期完成的。

2. 注释与考证

托马斯·阿奎那考证和注释经典著作,主题无不是阐述基督教教义,论证基督教神学的。他的注释工作同其他写作一样是惊人的,尤其是如痴如醉地注释亚里多士德的著作,凡是译成了拉丁文的亚里士多德著作,他几乎都逐句逐行地进行了评注。有一次,他在乌尔班四世教廷得到了一本由法兰芒多米尼克修会会员曼培克的威廉出色地

---

① 易杰雄主编,李秋零、田薇著:《神光沐浴下的文化再生》,华夏出版社 2000 年版,第 280—281 页。

重新译出的亚里士多德的《灵魂论》，他立即进行注释考证，并在自己的著作中使用了这个版本。几年来他所注释的亚里士多德著作主要有：《物理学》《形而上学》《解释篇》《后分析篇》《天论》《世界论》《生灭论》《灵魂论》《论感觉和感觉对象》《论记忆》《尼各马可伦理学》《政治学》《气象学》等。其中，《形而上学》最为著名，迄今为亚里士多德哲学的研究者们所援引。

托马斯·阿奎那从原始资料着手，查阅亚里士多德著作和有关论著，通过综合的、仔细的分析和思索，想方设法作出符合基督教信仰的解释，作出大量有利于基督教观点的解释。托马斯不仅坚信亚里士多德的观点，认为亚里士多德是他的理论权威，亚里士多德学说更符合真理，可以使信仰认识到自己的理由，而且对亚里士多德本人也十分尊重，他从不具体指出亚里士多德的名字，而只是敬称为"那位哲学家"。

一时间，托马斯·阿奎那的注释似乎成了亚里士多德哲学的正宗，人们竟习惯于依此追根究底，纠正他人。因此，托马斯被看作是对教会作出巨大贡献的创新者、思想家和理论家。在他那里，亚里士多德的理论形式中被注入了基督教思想的内容，亚里士多德的学说被基督教化了。的确，托马斯利用亚里士多德学说建立起来的哲学理论，使中世纪经院哲学焕然一新，出现了一个繁荣的时期。

也有人认为，托马斯·阿奎那的神学哲学并无新意，只不过是对亚里士多德理论的照搬而已，这是不符合事实的。托马斯在注释和考证中所阐述的思想，并不是无条件地照搬亚里士多德的理论，而是坚定地站在基督教的立场上，有目的地进行取舍，把真正合理、有用的东西，经过加工改造转化为自己的，并为自己所用。

可以说，托马斯·阿奎那的思想同亚里士多德的思想有着血缘关系。就其观点而言，他们两人有许多是直接的同一，有托马斯·阿奎那的发挥、改造和创新，当然也有曲解或歪曲。所有这些，很难一一列举。但是,他们两人思想体系和基本范畴的联系与区别,我们可以进行如下的比较和分析。

首先,有些是直接利用亚里士多德的。

从本体论方面看,他们都反对灵魂独立、灵魂在先的唯心主义宇宙观,也反对灵魂、肉体是两个独立实体的二元论。认为,灵魂本身不是一个完全独立的实体,它只是肉体的形式,灵魂和肉体组合才成为一个完整的实体。在这个前提下,他们强调物质是个体化的因素。托马斯·阿奎那勇于冲撞基督教的传统理论,对上述观点十分强调,并反复论证了 12 次之多。

从认识方面看,他们都反对先验论。托马斯·阿奎那不仅赞同亚里士多德关于人的知识基于自然和感觉经验的论点,而且同亚里士多德一样,论述了人的心灵是一块白板,可以接纳外来的印象,并通过理智抽象,形成概念,建立判断,认识真理。

从政治观点方面看,他接受了亚里士多德的观点,认为君主政体、贵族政体和民主政体都是正义的政体,而君主制是最好的政体,它符合于统一的原则。

其次,有些是托马斯·阿奎那对亚里士多德思想的加工和改造。

就形而上学来说,亚里士多德哲学所探讨的是世界是什么,是怎样形成现在这样的,即讨论世界存在自身。而托马斯·阿奎那的哲学所探讨的是世界怎样存在,是追溯世界存在的起源。因此,他们两个各自的哲学体系就存在本质上的区别了。具体说:

第一,关于理性认识,亚里士多德十分重视理性认识在认识中的作用,指出,感觉经验虽然是"我们对个别事物的最重要认识",但它不能告诉我们事情的原因,只有通过理性认识活动,才能认识事物的普遍性和本质。托马斯·阿奎那在赞同和引用这一观点的同时,又提出,理性认识同感觉经验一样,都有局限性,理性认识的局限性必须用信仰知识来补充,认为,信仰是超理性的,但不是反理性的。理性认识与信仰虽然各自属于不同的系统，但它们并不冲突，而是相辅相成的。这样他就改造了亚里士多德的观点，把理性和信仰调和在一起了。

第二，关于现实与潜能的原理。亚里士多德经过一系列的论证，指出："现实之于潜能，犹如正在进行建筑的东西之于能够建筑的东西。"即是说，砖瓦在未建造房屋之前只是一种潜在的东西(相对于房屋)，当砖瓦建造成房屋以后，这种潜在的东西就成了现实的东西。这种现实又是高一层事物的潜能，以此类推，但这个系列不能是无限的，而是有个开头和结尾。这样，就推导出了"不动的第一推动者"。托马斯·阿奎那抓住并改造了其中的唯心主义方面，把亚里士多德的多个第一推动者改造成一个，并直接归结为上帝。

第三，托马斯·阿奎那把亚里士多德哲学中极为重要的范畴"目的"，广泛运用到他的学说的许多方面，承袭了亚里士多德关于宇宙万物特别是人，无不以完善其本性为目的。但是，他又认为，亚里士多德缺乏对上帝的认识，因而揭示了至善，无法指明最终目的。他断言，万事万物在完善自己的本性时，无不体现上帝的至善，上帝才是最终目的。

第四，关于世界的永恒性，亚里士多德提出世界是永恒的，是无始无终的。托马斯同意这个观点，并且认为，这在理性上是无法驳倒的。同时，托马斯·阿奎那也按照《圣经》上关于"世界从无中创造"的训诫，认为哲学家们没有足够的证据反驳这一训诫，因而世界也是有始有终的，世界绝非永恒的。

第五，关于幸福，托马斯·阿奎那同样赞同亚里士多德关于人人向往幸福的命题，但是他又说，这种幸福论只是揭示了一个不重要的方面，是不完整的。认为，亚里士多德只是揭示了现世的幸福，而没有揭示来世的真正的幸福。只有上帝那里的幸福才是真正的永恒的幸福。

如此等等。

由此可见,托马斯·阿奎那的哲学体系,最为系统地接受和利用了亚里士多德的学说,而且进行了卓越而成功的加工和创造。他在保持上帝启示的信仰知识前提下,在绝对信仰的原则中注入了自然哲学和理性思维,调和了人类理性和信仰之间的矛盾,创立了自己独特的哲学体系。托马斯·阿奎那的哲学体系是新型的哲学体系,也是典型的宗教哲学,既有亚里士多德哲学的理论形式,又有基督教思想的基本内核,是基督教思想发展史上的一个重要的转折点。这种面目一新的经院哲学为挽救当时基督教的信仰危机发挥了极其重要的作用。

3. 第一部代表作

托马斯·阿奎那在意大利逗留期间所著的《反异教徒大全》,是他的第一部代表作。这部著作除开头的 54 章是在巴黎大学写作之外,其余都是在意大利完成的。

《反异教徒大全》,英译名为《论天主教信仰的真理》。原稿是作者在羊皮纸上写的,现存于梵蒂冈图书馆。在原稿中,没有具体书名,后来的不少手抄本和印刷本曾有过不少标题。如《驳异教徒专论》、《论公教信仰真理驳异教大全》、《论公教信仰驳异教大全》、《真理大全》等。现今通常用《反异教徒大全》作为书名。该书虽然是讨论神学问题,但是为了劝说无信仰的异教徒,它避开超理性和信仰,主要从哲学和人的理性的角度去阐述问题,因此,人们也称这部书是"哲学大全",是托马斯·阿奎那的哲学代表作。

这部著作,根据当时基督教的处境,针对不信奉基督教的异教哲学家,强调自然和超自然、理性和信仰的和谐,企图说服教外人士信奉基督教。托马斯·阿奎那特别是针对那些接近亚里士多德哲学后主张自然主义世界观的阿威罗伊等哲学家及其追随者,认为这些人尤为严重地威胁着基督教的正统思想和理论,所以,必须驳斥当时流行的阿威罗伊学说,以免使基督教思想受到侵害。正如他自己声明的那样:

"基于对上帝的虔诚,抱着对智者职责的信念,我尽管力不从心,还决定撰写这本书。其宗旨是,竭尽全力弘扬公教信仰所宣布的真理,驳斥与之相反的谬论。

对于各种错误一一进行驳斥是有困难的……因为如穆罕默德的信徒和农村的乡下人不像我们相信圣经的权威……所以必须借助人们都信赖的自然理性。

我们将提出一些理性所探究到的真理,并利用这些真理去排除错误;我们还将指出,如何使理性所证明的这些真理同基督教的信仰互相协调一致。"①

《反异教徒大全》分为卷和章,全书共 4 卷,463 章,约 40 万字。

第 1 卷共 102 章。其中开头 9 章是导论:申明了本书的写作目的和采用的方法,阐明理性可以认识基督教揭示的真理,哲学家的论著也可以证实信仰真理。而后是论证上帝的存在、上帝的完满性、上帝的自我意识、上帝的意志和幸福。在这里,托马斯·阿奎那认为:

(1)信仰的真理与理性的真理不会发生矛盾。自然理性并不要我们认识世界而否认基督教信仰,基督教信仰不仅承认理性权威,而且是建立在理性基础上的。信仰不排斥理性,相反,由于上帝的绝对权威会提高理性的认识,保证理性知识的真实性和可靠性。因此说,信

---

① 《反异教徒大全》第 1 卷,第 2 章。

仰所揭示的真理与理性所揭示的真理,是一个真理的两个方面,或者说是同一个真理。只是它们的求证方法不同而已。在这一卷里,托马斯·阿奎那围绕信仰的真理与理性的真理相互协调的论题进行了多方面的阐述。"我所谓的两种真理,并不是就上帝本身而言的,因为上帝是唯一而单一的真理,而是就我们的认识而言的,因为我们是从不同的方面去认识上帝的真理的。""我们从哲学家和圣人们的著作中举一些证据和证明,借以证实真理,批驳反对者。其次,按照由浅入深的步骤,阐明超越理性的第二种真理,解答反对者提出的理由,并尽可能地应用上帝给予的论点和证明去宣讲信仰真理。""所以我们的意图是运用合理的方法,探究人类理智所能研究的有关的上帝的第一真理……"

(2)"上帝存在"是需要证明的。有人曾认为,"上帝存在"是自明而无须证明的,因为"上帝存在"从"上帝"一词的定义中就能推出来,任何知道"上帝"一词意义的人,都会懂得有一个确实的上帝。鲍纳文多拉就是这样主张的,他认为,仅仅从上帝的概念或上帝这个名词的定义,就可以立即得出"上帝存在"的结论。只要人不受私心杂念所蒙蔽,基于坚定的信仰,通过内心沉思,便可以直接瞻仰上帝。托马斯·阿奎那坚决反对关于"上帝存在"是一个自明真理的论断,并且分析说,之所以有人相信"上帝存在"是自明的,一方面是由于人们自童年时期,就习惯于听人谈论上帝,养成了这种把上帝"看作是自然的和自明的"信念。另一方面,是由于人们"分不清本身是绝对自明的和在我们看来是自明的这两种区别。上帝的确是绝对自明的,因为上帝之所以为上帝,乃是上帝自己存在的。可是,在我们的思想中就无法理解上帝之所以为上帝,因而对我们来说是不知道的。正如整体就其自身来说大于部分,是绝对自明的,可是对不懂整体是什么的人来说,必然是不知道的。于是出现这种情况,对某些极其明显的事,我们的理智如《形而上学》第 2 卷上说的,好比蝙蝠的眼睛之对于太阳"①。于是,托马斯·阿奎那提供了两个来自亚里士多德《物理学》的冗长、费解的证明。他从具体的事物和现象出发,采用亚里士多德的类比方法,对"上帝存在"进行推理证明。首先,运用亚里士多德关于运动的理论,从主动和被动的关系中,排除无穷的追溯,推论出"必然存在着一个独立的、绝对的、不动的第一发动者。它就是上帝"。其次,把现实的世界万物看作是结果或效果,把万物的生成看作原因,由此推论出"必须肯定存在着一个有效原因,它就是上帝"。最后,他指出:"在哲学家(指亚里士多德)的言论中,我们还可以概括出另一条路线,因为在《形而上学》第 2 卷上,哲学家曾证明过,凡是最真实的,也就是最高的存在。《形而上学》第 4 卷上还证明过,从比较中可以看到最真的,我们从一个比另一个更假中,可以看到这两个东西,有一个必定比较真。从接近真的程度来说,有一个是绝对而最高的真。由此可以结论,存在着一个最高的存在者。它就是我们说的上帝。"②

(3)上帝是尽善尽美的。在托马斯·阿奎那看来,上帝的本性或本质是永恒、无限、不变、现实、美善的,对此,托马斯·阿奎那在这一卷中作了多种推论:一是从存在等级推论,认为存在等级的高低,取决于能力的大小,"上帝具备一切能力,什么都不缺,所以上帝是尽善尽美的"。二是从现实与潜能推论,认为,凡是不完善的事物,都是未成为现实而处于潜能状态的,凡是完善的事物,都是现实的,"至于一无潜能的,则是纯现实,它必然是最完善的。上帝是纯现实,所以它最完善"。三是从运动推论,认为发动者是运动的原因,运动是发动者的效果,因为任何运动都是由发动者推动的,所以效果不如原因。在因果联系中,最后必然会推到第一个原因。第一原因即上帝。"上帝与万

---

① 《反异教徒大全》第 1 卷,第 11、13 章。
② 《反异教徒大全》第 1 卷,第 11、13 章。

物相比,上帝具有一切优点,反之则不然。所以上帝是最完善的。"四是从事物的优劣推论,认为事物的标准都有最佳、较次、最次,"万物的标准非上帝莫属,因为上帝是自己存在的,事物所能有的任何美善,他都具有。若有缺失,便不是事物的共同标准了"。五是从宇宙起源推论,上帝是宇宙万物的起源,宇宙万物的存在依赖于上帝这个最高而首要的存在。"万物相似于上帝,不是上帝相似于万物","上帝是尽善尽美的,万物却不然。因此,万物只具有上帝的某些美善"。总之,"万物受益于上帝而相似于上帝"。

……

上帝是第一的真理,上帝是第一发动者,上帝是尽善尽美的……由此可见,"上帝存在"在托马斯·阿奎那的思想中占据极其重要的位置。在他看来,"上帝存在"是神学问题的核心,是他的形而上学本体论哲学体系的主要命题,也是他这部代表作的基础。他特别指出:"在有关上帝的研究中,首先要证明上帝的存在,它是全书不可或缺的基础,无此基础,一切有关上帝的研究势必失去意义。"①

第2卷共101章,托马斯·阿奎那申明他不会违背《圣经》上教导的上帝创世说,他在这一卷里长篇阐述了精神实体以及灵魂和肉体结合的问题,论证了上帝的能力和创造、上帝是万物的原因等问题。

(1)上帝从无创造出世界。

这一卷所涉及的主要不是上帝本身的属性,而是上帝与世界的关系。托马斯·阿奎那详尽阐述了上帝从无创造出世界这个命题。不过,这个命题不是托马斯·阿奎那提出来的,而是以往犹太教和基督教对《创世纪》的思考,是与亚里士多德的宇宙永恒说相对立的命题。一个是"创世说",认为世界在时间上曾有一个开端;一个是"永恒说",认为世界是无始无终的。托马斯·阿奎那既是基督教的忠实信徒,又

---

① 《反异教徒大全》第1卷,第9章。

是亚里士多德学说的真正理解者,因而他既不能否定"创世说",又不能否定"永恒说",但如果把两种相互矛盾的说教统一起来,似乎是不可能的。然而,托马斯·阿奎那在这一卷里所思考的就是这个似乎"不可能"的问题。他力图不违背基督教教义,也不违背亚里士多德的学说,十分谨慎地用了8章(第31—38章)的篇幅进行论证,他时时处处运用亚里士多德的学说,巧妙地实践了这项工作。

托马斯·阿奎那竭尽其理智能力,首先从词义上对"上帝从无创造出世界"作了解释,认为,"无"就是"不用什么东西"或"不借助什么东西"。并不像人们制造东西需要原始材料那样,"无"本身不是一种预先存在的原始材料。"所谓创造,严格起来,既不是变动,也不是变化","创造是霎时间的","创造不需要任何原始材料"。正因为创造不需要一个先后的过程,不需要借助什么东西,所以就应该把"上帝从无创造世界"具体表述为"上帝创造万物,使其存在,并未应用任何预先存在的东西如物质"。[①]

为了论证"上帝从无创造世界"这个命题,托马斯·阿奎那运用亚里士多德的4个理论进行了反证:第一,亚里士多德《物理学》第3卷第1章上说:"任何变动或变化,都是就潜能中的生存现实这种情况而言的。"即是说,任何现实的东西都是由潜能转变而来的,之所以能够转变,是因为在转变之际存在着某种能变为现实的潜在因素或原始质料。可见,"在上帝的活动中,不存在现实活动的什么潜在的原始质料。所以,上帝的活动既不是变动,也不是变化"。第二,现实事物的存在状态有量变和质变之分,无论是量变那种缓慢的不显著的变化,还是质变那种如生如灭、新陈代谢等根本性变化,都需要前提或物质条件。然而,"创造没有这种情况,它既无什么前提,也无潜在物质。所以创造不是变动,也不是变化"。第三,亚里士多德在《物理学》第3

---

① 《反异教徒大全》第2卷,第16章。

卷第 1 章中说,事物在变动之后同变动之前相比,肯定是不一样的,可是上帝创造的事物实体,不像事物那样前后有变化,否则它就同事物一样有前提了。所以,"创造不是变化"。第四,就不断变动的事物来说,在变化过程中还没有形成,只有在运动变化的时间结束、静止开始时才形成,就是说,事物的形成意味着变化随即结束,"创造不可能有这种情况,因为创造如果同变动或变化一样有所过程,必然有什么东西比它先存在。这就违反创造的意义"。创造决不意味着某些早已存在的材料的变化。所以,"创造不是变动,也不是变化"①。

根据以上反证,托马斯·阿奎那又指出:"由此还可以证明,创造不需要时间","创造是霎时间的。一旦创造,事物即出现,犹如一旦发光,即明亮。"②

为了从正面进一步证明"上帝从无创造出世界",托马斯·阿奎那根据亚里士多德关于效果与原因、被动与主动、潜能与现实等理论,先后进行了 11 个证明。现列举其中之一:"假设某些东西是上帝创造的效果,而在这某东西之前或者已存在着另一东西,或者不存在任何东西,如果不存在任何东西,则证明了这个命题:上帝创造某东西这一效果时,并没有应用任何预先存在的东西。反之,如果在这某东西之前已经存在着某些东西,则可以不断推论下去,然而哲学家在《形而上学》第 2 卷第 1 和第 2 章已经证明,关于自然界的原因,不能永远推论下去的,因而就要推到一个没有比之更先的第一个东西。这第一个东西,只能是上帝本身,因为本书第 1 卷第 17 章已证明,上帝不是任何事物的质料,但上帝又不能不是万事万物的原因。所以结论是:上帝创造万物这效果,并不需要备用材料,而是由于自身的活动"③。

通过以上反面和正面的反复证明,托马斯·阿奎那感到"上帝从

---

① 《反异教徒大全》第 2 卷,第 17、19 章。
② 《反异教徒大全》第 2 卷,第 17、19 章。
③ 《反异教徒大全》第 2 卷,第 16、34 章。

无创造出世界"的问题已经圆满解决。这个问题不仅理智可以认识，而且哲学家通过推理也完全可以证明。所以，他接着又用很长的篇幅阐述亚里士多德的世界永恒性问题。

托马斯·阿奎那认为，世界永恒性的命题是没有说服力的，但是又是难以驳倒的。

首先，他提出，无论从上帝方面还是从万事万物方面提出世界的永恒性，都是没有说服力的。他说："有些人坚持这样一个论证：万物必然是永恒的。这和基督教信仰是相矛盾的，因为基督教主张，除了唯一的上帝永恒外，所有事物的存在都是有所开始的。"①他认为，那些主张世界永恒的人，或许只注意到上帝本身、上帝的活动和上帝的意志等永恒性，而忽视了其效果是有条件的。因与果不一定是同时的，目的与作用无法保证成正比。另外，就万事万物而言，更没有充足的理由使人们相信世界的永恒性。他说："无论生与灭或运动，都无法证明万物是无始无终的。无论时间或空间，即使有人在说时间存在时，可以把时间理解为无始无终而永恒的，但也只是想象中的假设；即使有人在说天外有天时，可以把天以外的天理解为无边无际而永恒的，但也只是想象中的假设。所以，从万物方面提出种种理由来证明世界的永恒性，显而易见是没有说服力的。总之，无论从上帝方面，或者从万事万物的方面提出世界的永恒性，都是没有说服力的。"②显然，托马斯·阿奎那忠于基督教信仰，坚持基督教观点，为基督教关于世界在时间上有始有终这条教义作论证。

其次，托马斯·阿奎那又认为，世界永恒性的命题无论是在教会还是在理论上都是难以驳倒的。他说："没有确切的根据足以驳倒世界永恒的意见。"《圣经》上只是记述了世界在时间上有一个开端，但没

---

① 《反异教徒大全》第 2 卷，第 16、34 章。
② 《反异教徒大全》第 2 卷，第 36 章。

有任何论证。也没有哪一位科学家或哲学家能够证明这个世界有一个开端的时刻。即是说没有什么人证明过世界有始有终,这就从反面说明了世界无始无终也是难以驳倒的。托马斯·阿奎那还指出,世界无始无终的永恒性并非不可能,从理论上讲,无始无终的创造是能够成立的。他说,仅就"创造"这项工程来说,无论有始或者无始,都不会影响上帝,使上帝本身发生任何变化。上帝是永恒的,他可以在"永恒"中创造世界。所以,世界永恒性的命题是难以批驳的。

托马斯·阿奎那既相信世界有一个开端,又承认世界是永恒的。在他看来,理性所推理的情况与信仰所告诉人们的事情是不矛盾的。理性与信仰的关系很复杂,其中的奥秘一时难以理解也是不足为奇的。看来,托马斯·阿奎那决不会违背教义,也不会不顾客观事实放弃亚里士多德的学说,为了避免理性与信仰、哲学与神学的矛盾,协调它们之间的关系,他要用亚里士多德哲学论证基督教教义,从而寻找一条两全其美的道路。

然而,基督教教会内部的奥古斯丁主义者们,对这条两全其美的道路是不理解、更不能接受的。他们指责托马斯·阿奎那违背教义,用亚里士多德说教反对传统神学理论,是同自然主义世界观的阿威罗伊一伙同流合污。如鲍纳文多拉就直截了当地说,不能由于上帝本身的永恒性,便假设上帝可以在"永恒"中创造世界。"永恒"和"创造"这两个概念是矛盾的,在永恒中创造世界是不能成立的。

对此,托马斯·阿奎那十分恼火,他痛恨奥古斯丁主义一类的保守派不光明磊落,一直到5年之后还写了一篇题为《论世界永恒性驳窃窃私议者》的文章,驳斥保守派的观点。文章指出,创世概念不是一个时间性的概念,而只意味着"有一个起源的原因"。重申自己同他们一样忠于基督教信仰,坚信《圣经》中的创世说。同时也承认亚里士多德主张的世界永恒性不是没有道理的,劝告保守的奥古斯丁主义者,不要由于信仰而无视理性和排斥推理,对世界永恒性只是简单否认,并不能够解决问题。

（2）灵魂是肉体的形式。

《反异教徒大全》第2卷，用了许多篇幅阐述灵魂问题，认为肉体并不是灵魂的覆盖物，也不是灵魂的监狱。相反，灵魂是肉体的形式，是使肉体成为它所是的那种有生命的肉体的东西，就好像钥匙的形状是使钥匙成为一种特定的钥匙的东西，一个音符的高度是使它成为一个特定的音符的东西一样。在这里，托马斯·阿奎那批判了柏拉图关于灵魂与肉体联结的学说，批判了阿威罗伊学派关于理智灵魂统一性的理论，吸收并改造了亚里士多德的观点，阐明了他的"理智灵魂"观。

托马斯·阿奎那在论述灵魂之前，首先对灵魂一词作了广义的解释，他说，对任何生物来说，"魂"是至关重要的，"魂"是"有机生物体的首要活动"，唯有"魂"才能使某种东西成为活的。没有"魂"就没有生命。他举例说，植物之所以能生长是由于"生魂"；动物除了生长之外，还有感觉，应统称为"觉魂"；人们除了具备植物、动物的各种能力之外，更可贵的是有思想，有理解和思维能力，这就是"理智灵魂"，简称为"灵魂"。他认为，"生魂"、"觉魂"和"灵魂"由于等级不同，就造成了不同的生命，其中人的灵魂最为高级。他说，人不仅具有植物和动物那样的生活活动能力，而且还能实现更高级的生活活动，即为一般植物和动物不可能有的理智活动。所以，人的灵魂在所有的生物生命中是最高级的。

托马斯·阿奎那公开申明不同意柏拉图的主张，他说："柏拉图及其追随者主张，理智灵魂与肉体的结合，不是像形式与质料的结合那样，而是像发动者与被动者那样的结合。他们说灵魂在肉体里，如同水手在船舱里，因而灵魂与肉体的结合，无非是力量的联结。可是，这种说法看来并不符合事实，因为力量的联结不会组成一个绝对统一的东西。然而，灵魂与肉体的结合所组成的是一个人。所以，按照前面的说法，人不是一个绝对统一的存在者，而是偶然联合的存在者，人不再是个'单个'的人。"他接着说:"为了避免这样的结论,柏拉图曾提出,人不是灵魂和肉体构成的一种组合,而是灵魂使用着肉体。""可是,这种论证是不能成立的,因为人和动物的本质,唯有灵魂才是真正的本质,这与实际情况不符,因为灵魂既不是感性的东西,也不是物质的东西。所以,主张人和动物是灵魂使用肉体,而不是灵魂与肉体结合而成的东西,这是不能成立的。"①在这里,托马斯·阿奎那不仅批判了灵魂寓于肉体的主张,而且也批判了把肉体作为工具被灵魂所使用的观点。所有这些无疑是对以奥古斯丁为代表的基督教传统理论的批判改造。因为奥古斯丁曾经说过"人是一个拥有理性而宜于管理肉体的实体","人是一个有理智灵魂并使用一个能死的和现世的肉体"。② 这里体现了托马斯·阿奎那反对教会传统的革新思想。

托马斯·阿奎那还公开批判了阿威罗伊主义者,指责他们以亚里士多德权威自居,而又篡改亚里士多德的原意。阿威罗伊主义者抨击基督教的非理性的信仰主义,但是他们在强调人类的认识能力的时候,孤立地突出了理智,把理智看作是一个独立的精神实体,甚至说这个精神实体是永恒存在的,是人人所共有的。托马斯·阿奎那对此指责说:"阿威罗伊学派的立场,既违反亚里士多德的意见,又违反真理。所以应当把它们看作杜撰的东西加以摈弃。"③托马斯·阿奎那说:"事实证明,自古以来,人们并不像阿威罗伊在《灵魂论》第 3 卷注释中所设想的共有一个理智","理智之与人的肉体结合为实体,犹如形式之与质料相结合",既然一种形式不可能和多种质料相结合,"所以某一个理智不可能为人人所共有"。"就作者使用各自的工具来说,音乐家使用乐器,建筑师使用机械。正如亚里士多德的《灵魂论》第 3 卷指出的,理智与肉体的关系如同作者与其工具的关系,所以正如建筑师不

---

① 《反异教徒大全》第 2 卷,第 57 章。
② 傅乐安:《托马斯·阿奎那传》,河北人民出版社 1997 年版,第 51 页。
③ 《反异教徒大全》第 2 卷,第 61、73 章。

能用乐器来盖房子一样,这个人的理智不等于是另一个人的理智。"
"狗的魂不能进入狼的身体,人的灵魂只能进入人的身体。而人的灵
魂与人的身体有一定的关系,这个人的灵魂只能进入与其相应的身体
里。所以,这个人的灵魂不可能进入另一个人的身体里。按照亚里士
多德《灵魂论》第 1 卷的意见,人是运用自己的灵魂来认识的,所以这
个人的理智与另一个人理智不是同一的。"总之,"理智并不是全人类
只有一个,而且也不是永恒的"[①]。

托马斯·阿奎那这一系列的反驳,用了近 50 个证明。在反驳、证
明的同时,也阐明了自己的"理智灵魂"观点——

关于灵魂是肉体的形式。托马斯·阿奎那说:"灵魂无非是其肉
体的实体形式",灵魂和肉体"两者结合,才成为一个现实存在的实
体"。"因为人的肉体在有灵魂时和没有灵魂时,情况是不一样的,唯
有灵魂使人成为现实的存在者。"他反对关于人是由灵魂这个实体和
肉体那个实体组合而成的观点,也反对关于灵魂这个东西和肉体那个
东西"偶然地凑合在一起"的观点。在他看来,灵魂是使肉体成为一个
人的肉体的那样东西,人作为灵魂和肉体两个因素的合成物,是一个
实体。人的一切行为都要归之于这个实体。肉体没有灵魂,就不是真
正的肉体,而是一具尸体。只有灵魂和肉体相结合,才成为一个有理
性的实体,一个有位格的人。托马斯·阿奎那主张,灵魂与肉体是一
种"实质性的结合",犹如热与火的关系,它们是有机的统一而组成的
一个单一的实体。他主张人的心理和生理的统一,认为灵魂需要肉
体,肉体也需要灵魂,二者实质地结合,才是一个完满而现实的实体。

关于灵魂的精神性和不朽性。灵魂的精神性和不朽性,是基督教
教义的基本信条之一。在灵魂的非物质性问题上,托马斯·阿奎那认
为,理智实体的活动能力是超越物质的,理智能够认识物质的东西,也

---

① 《反异教徒大全》第 2 卷,第 61、73 章。

能够认识乃至设想任何非物质的东西,这就说明理智本身不是物质的。他说:"假如理智是有形体的,它的活动就不会超越物体的范围,它只能认识物体。可是,这显然是不对的,因为我们认识许多非形体的东西。所以理智不是有形体。"①此外,托马斯·阿奎那还从理智能认识自我的角度论证了灵魂的精神性。他说,任何物的活动都是由这一部分去推动那一部分,而"理智的活动却能返回自身,因为它之认识自我,不仅仅是部分地认识自我,而是完全地自我认识"②。所以,那具有理智的能够自动的灵魂必然不是物质的,而绝对是精神的。在灵魂不朽性的问题上,托马斯·阿奎那推断:因为灵魂本身是精神性的,所以在肉体死去后它将不死不灭永恒存在;因为任何东西都自然愿意以自己固有的方式存在,所以具有理智的东西由于认识无限,自然愿意永久存在。他说:"自然的愿望不可能是徒劳的,所以人的理智灵魂是不朽的。"总之,"人天生都追求永恒存在,这一点从事物都追求存在上是明显不过的。可是,人由于理智不仅如同动物那样注意此时此地的存在,而且还认识绝对的存在。所以,人由于灵魂既知道永恒存在,还认识绝对而无限的存在"③。

从托马斯·阿奎那对"理智灵魂"的阐述,我们也可以看出,托马斯·阿奎那把哲学和神学进行了新的结合,他已经开始使亚里士多德的学说基督教化了。托马斯·阿奎那对"理智灵魂"的论证,几乎处处都渗透着亚里士多德的观点,但他们的结论并非完全一致。例如,亚里士多德曾主张灵魂不死不灭,并论述了灵魂与肉体的区别和联系,但结论是含糊不清的;托马斯·阿奎那在认同灵魂不死不灭的观点之后,断然肯定人死后灵魂继续存在,虽然它不可能发挥原来的作用,但依然是原来那个人的灵魂,待其肉体复活后将继续结为一体。这显然

---

① 《反异教徒大全》第 2 卷,第 49 章。
② 《反异教徒大全》第 2 卷,第 79 章。
③ 《反异教徒大全》第 2 卷,第 79 章。

是基督教的教义而不是亚里士多德的学说了。基督教人士对此高度评价,说托马斯·阿奎那卓有成效地发挥了他的独特的创造性。

第 3 卷共 163 章。其主要观点是,上帝是一切事物的最终目的,人的真正幸福在于瞻仰上帝。其中:第 2—17 章,论述善与恶;第 18—63 章,论述上帝是万事万物的目的;第 64—98 章,论述上帝是万事万物的主宰;第 99—110 章,论述异象;第 111—139 章,论述伦理道德;第 140—163 章,论述赏善罚恶。

关于善与恶。托马斯·阿奎那说:"凡是存在的,都是善的。""恶本身并不存在。""人们通常用'恶'这个名词,无非是指主体缺乏原本应有的东西。""缺乏不是什么本质,而是'对实体的否定'。所以恶不是事物的本质。""任何事物都向往善,以善为目的。""至善是最终目的。然而,至善只有一个,即上帝。"他认为,上帝是绝对的善,并且是其他一切善的原因。恶在某种意义上是没有原因的,因为它们不像善的事物那样具有实在性,恶由创造物的缺陷构成,但这种缺陷不是上帝造成的。

关于幸福。托马斯·阿奎那认为,"人的真正幸福不在于肉体的享受",不在于感官的快乐,不在于受人尊敬和得到荣誉,不在于财富和世俗的权力,也不在于遵循规范干了什么好事。真正的幸福在于"渴望上帝",模仿上帝而行善。实践善、获得善,即是说,认识和承认上帝,信仰和瞻仰上帝,才是幸福。然而,真正认识和瞻仰上帝的本性,现世的人们是做不到的,只有在来世靠上帝的帮助,靠超越自然的神圣启示才能达到。

关于伦理、道德。托马斯·阿奎那运用"神圣规律",引申出爱上帝、爱邻居、崇拜上帝、真实信仰等,并且在本卷 5 章的篇幅中讨论了性伦理,提出私通、避孕、绝育、离婚、重婚、纳妾、乱伦、近亲结婚等都是不允许的。他认为,一夫一妻制是必要的,节育不是坏事,贞洁优于婚姻,它有利于人性修养和天人合一。

  关于"甘愿贫困"。在中世纪的繁荣时期,为了克服教会内部滋长的糜烂倾向,教会采取了行乞修道制度,1216 年成立的多米尼克修会,就是最早实行这种制度和影响最大的修会。他们以四方行乞的方式热情布道,宣传信仰,献身禁欲,反对异端和腐化,并且提倡会士参与社会活动,热心于学术研究活动和大学讲学。作为多米尼克修会会士的托马斯·阿奎那在这一卷中认为,"神贫"是宗教伦理的一个内心修养问题,是基督教会的一种美德。可是,托马斯·阿奎那的这种观点,在当时受到了非修会神职人员的猛烈攻击。他们谴责修会会士违反教义教规,逢人乞讨,过不劳而获的寄生虫生活。托马斯·阿奎那除在本卷中论述"甘愿贫困"外,还奉多米尼克修会会长之命,撰写了《对反对敬奉上帝和修会会士的反批判》一文进行反驳。此文章曾获得了教皇的嘉奖。

  关于赏善罚恶。托马斯·阿奎那认为,人为了摆脱原罪和保持德行,就需要恩典的、超自然的上帝。其实,上帝一开始就预定了每一个人的命运,即哪些人获得并保持最终幸福,哪些人由于原罪不能得到幸福而永远受到天谴。对于一个想达到最终幸福的人,上帝的恩典和预定都是必要的。

  第 4 卷共 97 章,讨论"三位一体"、基督降生和来世永生等神学问题。托马斯·阿奎那在这一卷的一开始就声明:"这一卷要讨论上帝启示给我们的一些事,它们超越人们的理智,但我们必须相信。"正如作者所说的那样,这一卷不像前三卷那样,几乎每一个论证都要援引亚里士多德的观点或理论,而是根据《圣经》和教会的传统训导加以论证的,如道成肉体、洗礼、圣餐、"三位一体"、死后复活等。具体讲,本卷的第一部分阐述的是通过信仰,上帝能够向我们揭示些什么,即"三位一体"说或上帝在创造世界中的作用;第二部分是神灵化身学说,即上帝通过耶稣基督的身体进入了他创造的世界;最后一部分,涉及的是肉体在天国的复活,以及帮助犯原罪的人走向天国的各种教会圣礼。

　　通观全书可以看出,托马斯·阿奎那与以往的基督教神学哲学家不同,他效法亚里士多德,不仅仅重信仰,而且注重理智及其作用,提出一切理性要从自然界开始,以可以感觉的现象为起点,通过理智抽象,上升为一般概念,最后达到确切的知识。对于信仰的上帝,他认为同样可以从宇宙万物出发,通过理智的类比推理,去获得关于上帝的各种知识。不可否认,托马斯·阿奎那把亚里士多德的形而上学本体论用于基督教神学的论证,成功地为中世纪基督教会结构了一个独具特色的新型的形而上学体系。

第六章

神学哲学家

　　托马斯·阿奎那人生的最后几年,也是他最辉煌的时期。他奉命重返巴黎大学,投身于中世纪哲学史上著名的"巴黎大论战",撰写了被称为基督教经典、并一度成为基督教会官方理论的长篇巨著《神学大全》。他以惊人的精力和才华,奋力研究、思考和写作,他演讲的足迹遍及法国巴黎和意大利,他颇丰的业绩及其声誉闻名于西欧,也赢得了罗马教会最高当局的赞赏,被赐予"圣徒"、"圣师"、"天使博士"等荣誉称号,被认为是集教父哲学之大成和 13 世纪后最伟大的经院哲学家。

1. 巴黎大论战

托马斯·阿奎那在意大利的这些年,巴黎大学里反对他的人并没有罢休,相反,情况越加复杂,斗争更加激烈,已经发展到白热化程度。斗争的焦点依然是亚里士多德,但这时候的问题不再是亚里士多德的学说是否属于异端邪说,而是转为究竟谁真正理解和掌握亚里士多德的哲学思想。这场斗争在西欧中世纪哲学史上称之为著名的"巴黎大论战"。

13世纪的西欧,虽然基督教信仰在社会生活中依然居于支配地位,但是教权与王权的纷争已经充分展开,教会和世俗的人们都处在思想转化之中。学术界当然也十分敏感地反映着这种转化,作为欧洲学术中心的巴黎大学,可以说是各种斗争的集中点。

当时,在巴黎大学里掀起了以勃拉庞的西格尔为首的阿威罗伊主义运动和以圣阿姆的威廉为首的反修会浪潮,这两股潮流彼此呼应,势力强大,并且矛头对准多米尼克修会及其所主持的神学讲座,因而多米尼克修会在巴黎大学的地位、声誉、学术观点、教师职位等受到严重威胁。多米尼克修会总会长为此决定,让托马斯·阿奎那亲自出马,辞去教廷神学顾问职务,离开意大利,返回巴黎大学。但是,按照当时的习惯,通常在巴黎大学只能任教一次。总会长已经顾不得这个常规,于1268年10月命令托马斯·阿奎那赴巴黎大学重执教鞭。

1269年1月中旬,托马斯·阿奎那在两名助手的陪同下,跨进巴黎大学校门,来到他阔别已久的神学院任教授职务。再次来到巴黎大

学，与他 1252 年第一次进巴黎大学任教时的情况大不相同了，那时他
是神学教授，解释亚里士多德思想的权威，事业有成，名声赫赫。那时
虽然各派之间也有利害冲突，但主要是传统神学理论与新思潮的较
量，是围绕着亚里士多德主义的传播而展开的新旧势力的争斗。现今
巴黎大学的文学院取代以往神学院的地位异军突起，他们打着正宗亚
里士多德学说的旗号，以亚里士多德思想权威自居，向神学院发起猛
烈攻击，并且诋毁托马斯·阿奎那在神学院期间对亚里士多德学说所
作的业绩。再加上圣阿姆的威廉的追随者和一些保守派的配合，使得
多米尼克修会主持的神学院四面受敌。

　　神学院的首要敌手是以勃拉庞的西格尔为首的阿威罗伊主义。
西格尔是非修会的神职人员，巴黎大学文学院的著名教授。他曾发表
过公开宣传阿威罗伊主义关于人人共有一个理智的观点。这个观点
早在 1256 年就遭到大阿尔伯特的严厉批判和教皇的谴责，但是他没
有就此罢休，相反，在短短的几年之后，西格尔又以他所在的文学院为
据点，在全校范围内掀起了更大规模的阿威罗伊主义运动。他们崇尚
理性，主张哲学要以理性为出发点，极力宣扬以理性为基础的哲学，尤
其是欣赏阿威罗伊在注释亚里士多德著作时所阐发的自然哲学，他们
以这种自然哲学为根据，不怕触犯基督教信条，提出了灵魂的物质性
和可朽性、世界的永恒性和必然性，以及双重真理等命题。西格尔等
人呼吁哲学必须与神学分开，因为神学是以信仰为前提的，是宣讲信
条和教义的。因为追求信仰的神学不可能正确对待亚里士多德学说，
只能是歪曲和篡改亚里士多德的哲学。他们公开指出，神学院的教师
们，如大阿尔伯特、托马斯·阿奎那，议论哲学，利用哲学，实际是在贬
低哲学，歪曲哲学。简言之，西格尔以当时流行的阿威罗伊阐发的亚
里士多德的自然主义哲学，向神学院教师所宣讲的信仰主义，发起了
猛烈进攻。不仅如此，在西格尔的领导和指挥下，巴黎大学文学院汇
集非会士神职人员教师，向以修会会士教师为基地的神学院，挑起了

一场大论战。这是学术观点的论战,也是会士与非会士人员争夺教师职位的权利冲突。文学院的教师试图首先在理论上击败对方,进而把修会会士教师驱逐出巴黎大学的教师队伍。斗争的紧张和激烈程度是可想而知的。

神学院的再一个敌手是圣阿姆的威廉主义者。圣阿姆的威廉虽然已被驱逐出境,但巴黎大学校园内还有不少的追随者,这些人本来就对修会不满,现今他们借助西格尔为首的阿威罗伊主义运动,再次掀起反对修会会士的浪潮,其直接目的也是想把会士教师赶出巴黎大学。更有甚者,圣阿姆的威廉的追随者还联合对改革者不满的法兰西斯派、奥古斯丁派等,利用这些保守派对多米尼克派以亚里士多德学说改造基督教传统理论的抵触情绪,把矛盾集中于多米尼克修会。一时间,多米尼克修会犹如众矢之的。

使托马斯·阿奎那更为痛心的和难以忍受的,是修会与修会之间的争斗。法兰西斯修会、奥古斯丁修会思想守旧,互不团结,他们又串通一起,顽固坚持基督教的传统思想,抵制多米尼克修会主持的神学讲座所阐发的亚里士多德哲学。如鲍纳文多拉拒不承认:以理性为出发点,运用亚里士多德的类比推理,通过对自然界的分析,能够获得对上帝的认识。法兰西斯修会会士罗杰·培根,以其经验论反对托马斯·阿奎那的形而上学论,以其唯名论反对托马斯·阿奎那的实在论。这些人以其各自的立场、观点和目的,联合起来反对托马斯·阿奎那的学说,特别是托马斯·阿奎那根据亚里士多德的理论提出的实体形式的统一性和对创世、世界永恒的解释,成为他们批判的焦点。

重返巴黎大学的托马斯·阿奎那,面对的这场大论战是极其错综复杂的,既有修会之间的争斗,也有会士与世俗神职人员的争斗;既有哲学问题,又有神学问题;既有学术问题,又有权利问题,还有政治因素。对此,托马斯·阿奎那除估计不足之外,更多的便是震惊和愤怒。他即刻以神学院为据点,挥笔反击,投入战斗。

首先他在教会内部进行劝说,说明亚里士多德的理论比柏拉图的说教更有利、更可取,希望奥古斯丁主义的经院哲学和法兰西斯修会的会士们,适应新形势,团结起来,一致对外。

紧接着,他集中主要精力向西格尔宣战。

托马斯·阿奎那根据自己掌握的第一手材料,引经据典,猛烈抨击西格尔及其阿威罗伊学派,指责他们歪曲亚里士多德哲学的原意。早在1256年,托马斯·阿奎那的老师大阿尔伯特就曾奉教皇亚历山大四世之命,写过《斥阿威罗伊学派论理智统一性》,批判阿威罗伊学派,看来未曾见效。现在托马斯·阿奎那同他的老师一样,重提这个题目,很快写出了《论理智统一性驳阿威罗伊学派》,着重批判阿威罗伊的"双重真理论"和"人人共有一个理智"的主张。

针对"双重真理论",托马斯·阿奎那指出,这个论调是阿威罗伊为分离哲学和神学而提出的,他论证说,神学是一门最高的学问,它囊括其他一切学问。其他一切学问都是神学的婢女,哲学无疑从属于神学。因而真理只有一个,所谓哲学真理和神学真理,最后都汇集到一个真理。或者说,理性的真理使人归向上帝,信仰的真理使上帝同人联系起来。这种方法和出发点上的不同并不排除它们的基本统一性。哲学研究和神学研究是同一个真理进程中的两个不同的方面,它们不是互相排斥的,相反,神学的卓越的方式可以充实哲学。总之,"人的理性通过受造物上升到认识上帝。前者是上升法,后者是下降法,但两者是同一的"[①]。归根到底,受造物表现出来的真理和上帝的罗各斯表现出来的真理,实际上是同一个真理。

针对"人人共有一个理智"的主张,托马斯·阿奎那在《论理智统一性驳阿威罗伊学派》一文中直截了当地指出,文学院里西格尔等教授错了,你们所谓"人人共有一个理智"的观点在亚里士多德的著作中

---

① 汝信等主编:《西方著名哲学家评传》第2卷,山东人民出版社1984年版,第437页。

是找不到的。尽管亚里士多德在他的《灵魂论》第3卷中有些含混不清的言论，但是也绝对不会从中找出这样的结论。这样的结论纯粹是阿威罗伊注释时把自己的误解硬扣到亚里士多德学说的头上。托马斯·阿奎那指出，人人共有一个理智的主张本身是站不住脚而且极其荒谬的，不同的人会有不同的思想，人们常说"我想"和"他想"，人们这样说是正确的，谁也不会提出疑义。所以说，全人类共有一个理智是绝对错误的。托马斯·阿奎那又从反面证明说，如果阿威罗伊所注释的"人人共有一个理智"是正确的，你们的论断是可靠的，那么把一个人行为的伦理责任归之于他人而自己全不负责，岂不是荒唐可笑吗？最后托马斯·阿奎那庄重声明："请看我们对这种错误的驳斥，不是以有关信仰的文件为基础的，而是以理性和哲学家（指亚里士多德）自己的报告为基础的。如果有人大言不惭，以他个人虚假的智慧和傲慢，胆敢向我们已写成的作品挑战的话，请他不要偷偷摸摸地挑衅，也不要在孩子面前挑衅，因为孩子对于这样困难的问题根本没有辨别能力。如果他有胆量的话，请他公开答复。他会发现与他对阵的，不只是微不足道的我一个人，而且还有其他许多研究真理的人，我们将同他的错误作战斗，或将治疗他的愚昧无知。"①

托马斯·阿奎那对西格尔等人的错误主张，以及篡改和挑衅行为，到了气愤之至、怒不可遏的地步，他谴责西格尔等教授们不思改悔、错上加错；他揭露西格尔一伙心怀诡计，煽动不明真相的师生起来闹事；他声明自己严阵以待，非弄个水落石出决不会罢休。

托马斯·阿奎那认为，西格尔等人的歪理邪说，是从曲解了的亚里士多德理论中推断出来的，是极端错误、混淆视听的说教，必须加以拨乱反正，以捍卫亚里士多德学说的真理性和基督教教义的尊严。托马斯·阿奎那指出，像西格尔这一类的人，既是基督教徒，是有一定地

---

① 托马斯·阿奎那：《论理智统一性驳阿威罗伊学派》。

位的神职人员,又是有一定知名度的教授,其行径影响极大、危害极深,如果不对这批害群之马制造的自杀活动进行彻底揭露和严肃批判,就不能维护基督教的地位和权威。

另外,托马斯·阿奎那又反击了以圣阿姆的威廉反对修会和会士教师的浪潮,撰写了《论精神生活的完满性》《驳斥阻挠参加修会的邪论》等文章。文章中有理有据地论述了参加修会不是逃避现实,不是脱离社会,指出,会士教师由于修会的精心培育和训导,获得了很高的学历和很深的造诣,因而更有资格、更有能力履行教师职责。

这场大论战,不仅仅是学术观点的争论,也是政治斗争,甚至可以说是特定时代意识形态领域的大论战,所以,不是口诛笔伐能够决定胜负的。正当激烈辩论的过程中,1270 年 12 月 10 日,巴黎主教宣布了 13 种应加以谴责的学说,其中第一种就是西格尔等人的"人人共有一个理智"。在这些受到谴责的命题中,除了托马斯·阿奎那的世界永恒说有所牵涉外,其余没有一个是托马斯·阿奎那所主张和讲授过的。这一年,罗马教皇又宣布了阿威罗伊主义为异端。从此斗争形势大为改观,以托马斯·阿奎那为代表的改革派取得了优势。但是,这场大论战仍没有结束的迹象,修会会士教师与其他神职人员教师争夺教职的斗争依然十分激烈,还有的教师推荐西格尔任巴黎大学校长,其他问题层出不穷,斗争此起彼伏。直到 1277 年,法国宗教裁判所奉教皇的旨意,传讯西格尔,公开宣布革除他的教籍,严禁阿威罗伊主义在校园内传播,斗争才算作了总结。

1272 年学年结束时,托马斯·阿奎那接受新的任务,离开巴黎大学,返回意大利。

在如此激烈的斗争中,托马斯·阿奎那也没有中断写作,他以惊人的毅力,边战斗边撰写,不断地深化其思想,条理其观点,完整其学说。他那部被称为基督教经典的巨著——《神学大全》,大部分是在这个时期完成的。

2. 一部基督教的经典

《神学大全》是举世闻名的托马斯·阿奎那的代表作,是一部被基督教称之为经典的神学概论。众所周知,中世纪的神学和哲学是浑然一体的,所以,这部著作也是反映托马斯·阿奎那思想体系的哲学概论。

就《神学大全》的写作年代来说,第一部是作者于 1267 年在意大利任教廷顾问期间写作的;第二部分上下两卷,篇幅超过全书的 1/2,是 1269 年至 1272 年在巴黎大学任教期间完成的;第三部是 1272 年在意大利那不勒斯执教时撰写的。这部巨著从开始写作到结束,前后经历了 8 年时间。

这一大部头的著作,是根据中世纪大学教学论辩方式和当时教材的体例编写的,不分章节,只列有题目,每个题目下分若干讲,讲数不定,有的题目只有一讲,有的则多达 16 讲。如第 1 个题目论神学,下设 10 讲:第 1 讲,神学是一门学问吗? 第 2 讲,神学是唯一的学问吗……第 2 个题目论上帝存在,下设 3 讲:第 1 讲,上帝存在是自明的吗? 第 2 讲,上帝存在是可以证明的吗? 第 3 讲,上帝存在吗?

《神学大全》全书共 3 大部,其中第 1 部 119 个题目;第 2 部上卷设 114 个题目,下卷设 189 个题目,共 303 个题目;第 3 部是全书中最短的,只有 90 个题目,是托马斯·阿奎那未能亲笔写完的一部。前后3 部,共 512 个题目,2669 讲,近百万个解答。现今的《神学大全》全集,由托马斯·阿奎那的秘书作了增补,即续写了四项"圣事",计 4 个题目,99 讲,另加了 3 个附注。

至于每一讲的结构,无论长短都是一问一答,即:首先,用"或许"开场,列举出几个与本讲论题相反的观点作为疑问和诘难;然后,根据当时辩论的格式,冠之以"但是,与此相反",尔后根据作者的观点引经据典,其中多数是基督教教义、教父们的论断和亚里士多德的言论;最后,以"我的回答是"开始批驳和澄清前面列举的反论点,并且阐述自己的观点,本讲到此结束。这样,每一讲都是由引子、引证、陈述、论证和反驳组成的完整的逻辑结构。现今,人们引用或研究托马斯·阿奎那的观点,主要是其中的陈述、证明和反驳部分。这样的结构,条目清楚,层次有序,段落分明,查阅起来极为方便。

这部巨著还有一个特点,就是在任何一讲中,无论是提出问题还是解答问题,都是采用了三段论的方式,即每一个问题或每一个解答都是由"凡是"、"然而"、"所以"这种句式组成的。乍看起来,简直是一部形式逻辑教科书。这种叙述方式虽然层次分明,但是始终一二三、甲乙丙,反反复复,重重叠叠,使人觉得厌烦。有些人称经院哲学是烦琐哲学,这种论证方式也许是原因之一。

《神学大全》题目繁多,范围极广,在基督教史上被称为第一部包罗万象的百科全书。下面对每一部的主要内容作一介绍。

第一部主要内容:

这一部的 119 个题目中,核心是上帝。以上帝为主题,展开阐述了上帝创造万事万物、天使和人等问题。

(1)(第 1 个题目)关于神学高于哲学。

托马斯·阿奎那断言:"除了哲学理论以外,为了拯救人类,必须有一种上帝启示的学问","必须知道一些超出理智之外的上帝启示的道理"。哲学虽然是一门高深的学问,讨论一切存在,可是它毕竟局限于人类理智所能获得的范围之内,而且"不免带着许多错误"。相反,

"神学的确实性则来源于上帝的光照,这是不会犯错误的"。所以,在一切学问中,神学是最高的,是完全可靠的,神学统帅其他一切学问。托马斯·阿奎那又进一步论证说:"神学可能凭借哲学来发挥,但不是非要它不可,而是借它来把自己的义理讲得更清楚些。因为神学的原理不是从其他科学来的,而是凭启示直接从上帝来的。所以,它不是把其他科学作为它的上级长官而依赖,而是把它们看成它的下级和奴仆来使用,有如主要科学使用附属科学、政治学使用军事学一样。"

(2)(第2个题目)关于上帝存在的5个证明。

这个题目中最主要的内容,也是对基督教神学影响最大的,是关于上帝存在的5个证明,托马斯·阿奎那称之为通向上帝的5条道路或5种方法。我们将另设一部分专题介绍。

(3)(第3至第26个题目)关于上帝的本性。

托马斯·阿奎那在这里证明上帝的本性用的是先验证明。理由是:人们不可能像对待具体事物那样去描述上帝,因为谁也没有并且不可能直接看到上帝,要想知道上帝的本性,必须采用形而上学的否定法。他首先声明:"关于上帝,因为我们无法知道他是什么,而只知道他不是什么。所以,我们不能讨论上帝是怎样的,而毋宁说他不是怎样的。"通过否定法排除那些不适合于上帝的特征,如复合体、变化、被动等,就可以获得对上帝本性的认识,如单纯的、完满的、无限的、不变的、永恒的、唯一的等。托马斯·阿奎那对上帝本性的结论是:上帝是无形的神体,上帝的本质是真、善、美。上帝的这个本质与存在是同一的,因为他绝对存在,完美无缺。上帝本身不存在形式与质料组合的问题,也不存在潜能,只是现实。所以上帝永恒不变,永恒存在,而且无处不在。上帝这个名字的称谓,是积极的、肯定的,这个称谓本身就意味着至真、至善、至美、全能、全知等。

(4)(第27至第43个题目)关于上帝的功能。

托马斯·阿奎那认为,子生于父,不同于父,圣灵是由父与子共同产生的,既不同于父,也有别于子。父有其作为父的性质,子有其作为子的性质,圣灵就是爱情,所以这三位是各不相同的,各自有各自的格位。但是,就本质而言,三位又是共同的。父、子、圣灵这三位不存在大小和先后的区别,三位本是一个神,共有一个实体。由于三位而一体,所以通称三一性,即三者的唯一性。这就是神学上反复论证和宣扬的所谓三位一体。在接下来的题目中,托马斯·阿奎那还阐述了对三位一体的认识,认为,人的自然理性不能认识三位一体。他说:"人的自然理性,不能认识三位一体","人的自然理性,只能通过受造物去认识上帝"。但是,人"通过自然理性只能认识上帝的一体性方面的事,而不能认识上帝的三个位方面的事"。"如果用自然的理性能力去证明三位一体,有两方面会违反信仰:第一,违反信仰的尊严。因为信仰的对象是超出人类理性所能达到的不可见的东西。第二,违反引人信仰的益处。因为如用不足以取信于人的论证去证明信仰,这不免要引起不信教的人的嘲笑。"

(5)(第44至第47个题目)关于上帝创世说。

这里,托马斯·阿奎那首先阐明了自己对《圣经》上一个观点的理解,他认为,《圣经》上关于上帝从无中创造世界,这个观点本身是含糊不清的,因为照常理,"无"就意味着否定,让人们从否定中去接受肯定是没有道理的。但是,他没有对这一信条进行批驳,而是从维护《圣经》的尊严和教会信条的角度,对这一观点作了新的解释,即:"从无中创造"的真正含义应当是指"不用什么东西",强调上帝创造世界时,并不是借用什么现成的材料,或者对什么材料进行加工使之变化。其次,托马斯·阿奎那对涉及基督教神学的根本问题,而且是教会最敏感的问题进行了说明。诸如上帝是无始无终的;宇宙在时间上有一个开端,世界是永恒的吗等。他断言,世界是上帝创造的,世界不可能像上帝那样无始无终,而是在时间上有个"开端",将来也不是永恒的。但是,他又认为,从"创造"、"世界"这两个概念本身,都推不出世界在时间上有开端的结论,所以,作为一个哲学家未必能够证明这个世界一定就有一个开端。于是托马斯·阿奎那根据谁也无法论证"不可能有一系列无穷的连续事件"这一假设,推断出:从理论上讲,世界可以是永恒的,上帝也可以在永恒中创造世界。

(6)(第48至49个题目)关于善和恶。

在经院哲学里,善恶问题是相当突出的。托马斯·阿奎那列出了这两个题目共9讲进行了分析。他反对善恶二元论,认为善是主要的,是根本的,是唯一的原因。上帝是至善的,上帝创造的一切都是善的,而事物的恶绝不是上帝创造的,上帝也绝不是恶的原因。他认为,所谓恶,应该定义为"缺陷",缺少善,无论是事物的恶如残废,还是伦理方面的恶如犯罪,都是"缺陷",缺少善。那么,如何解释现实中确实存在的恶呢?托马斯·阿奎那说,最好的回答应该是:上帝之所以允许恶的产生,无非是显示整个世界是美好的,正如患病时,就会感到健康的身体的美好一样。

(7)(第50至第64个题目)关于天使和魔鬼。

托马斯·阿奎那在这几个题目下,凭空杜撰了天使的性质,他说,天使也是上帝创造的,他们没有肉体,没有形象,是完全精神的实体,近似于上帝。他们没有位置问题,所以就不存在空间和时间的问题,可说是时时处处都在,甚至可以同时处在同一个地方。天使有认识能力,不仅能认识事物而且能认识自己,但是他们的认识不和物质对象发生关系,不需要借助其他的事物或形象,而是直接认识事物的本性,因而也就没有什么抽象概括和分析综合,不会产生错误的认识。由于天使没有肉体,所以就不会有感性、脾气、贪欲和私情,但他们有最纯洁的爱情,主要是爱上帝,爱上帝胜过爱自己。天使也有自由意志,正因为如此,他们当中的一部分会对抗上帝,或者骄傲、妒忌而堕落成魔鬼,到地狱接受惩罚。像托马斯·阿奎那这样的如此荒谬地振振有词地描绘天使,在基督教史上都是独一无二的。

（8）（第 65 至第 74 个题目）关于上帝的创造物。

这 10 个题目涉及的是上帝创造的具体物,篇幅都非常短,只是简单重复了《圣经》关于 7 天创世方面的一些言论,诸如有了光有了第一天,空气将水上下分开,地有一个,天有几重等。这从一个方面反映了作者重上帝、重天使,而轻物质实体的客观唯心主义宇宙观。

（9）（第 75 至第 80 个题目）关于人的结构。

托马斯·阿奎那在关于人的结构问题上,首先是重申并坚持基督教神学的传统观点,即人为上帝所创造,人由灵魂和肉体组合而成等。然后他又修改了这一传统理论,表现在:①他否定了以往基督教神学家们关于人是由灵魂和肉体两个实体组成的二元论,根据亚里士多德的形式和质料学说,主张人灵魂和肉体不是两个实体,而是一个实体,认为灵魂和肉体如同形式和质料,形式是唯一的原则,即"灵魂是人的肉体的形式"。他给"灵魂"的定义是"就是使肉体成为一个人的肉体那样的东西"。他十分强调灵魂和肉体的统一性,肉体没有灵魂,就不是具备理性的完善实体,就不是一个真正的肉体,就只能是一堆废物。相反,灵魂也不能没有肉体。只有二者结合,统一行动,才显示出人之为人的本性和能力。②他反对西格尔等人提出的所有人共同具有一个灵魂的主张,反对灵魂的单一性即理智的单一性。指出,如果人人共有一个灵魂或理智的话,那么,个人有个人的想法这个事实就无法解释了。③他坚持灵魂也是由上帝创造的这种传统观点,但是他又进一步说明,就每一个人的灵魂来说,为了获得它自己的特殊的本性,有赖于肉体,人人都有各自的肉体相结合的各自的灵魂,人的活动都是各自的肉体和各自的灵魂相结合的,是肉体和灵魂的共同活动。④在灵魂与认识的关系方面,以柏拉图主义为基础的奥古斯丁主义者们,主张灵魂处在肉体之中而使用肉体。托马斯·阿奎那放弃了这一观点,指出,只有灵魂和肉体结合在一起,人才能获得知识,灵魂只能在感官所感受到的物质对象中汲取知识。他强调,人的知识在于灵魂和肉体合二为一的心理和生理的统一性。即"理智的灵魂不仅必须具有认识的能力,而且也必须具有感觉的能力,然而,感觉不能没有有形的工具,所以,理智的灵魂必须与一个可以成为合适的感官的肉体结合在一起"。

(10)(第81至第119个题目)关于人的知识。

在《神学大全》第1卷的最后部分,托马斯·阿奎那所列的大部分题目是对人类的探讨。他在这一方面的观点,同其前辈的认识理论是有区别的,而且有的观点背叛了先验论的基督教神学传统,可以说,他关于人的知识的一些结论是很有价值的。

首先,他在第84个题目第6讲中,对历史上的认识论思想和理论作了分析和评述。指出:"关于这个问题,哲学家们有三种意见。"第一种意见是以德谟克利特为代表的影像论,"德谟克利特的主张是,我们的一切知识无非起源于影像。这个影像是在我所思考的物体中产生的,并深入到我们的灵魂中"。托马斯·阿奎那认为,这种主张"没有把理智和感觉区别开来,所以当感觉受到感性事物而发生变化时,他们便认为,我们的一切知识都只能由于感性事物的变化而形成。于是,德谟克利特断言,这种变化,是由影像的流射而出现的"。第二种意见是柏拉图的理念论。托马斯·阿奎那说:"柏拉图则相反,他提出理智不同于感觉,理智是一种非物质的能力,它的活动无须依赖肉体的器官,因为无形的东西不可能由于有形的东西而发生变化。所以,他主张理性知识不是由于理智接受感性事物而形成的,而是由于有了个别的理智形式。"所以,"按照柏拉图的意见,理性知识并非来自感性"。看来,托马斯·阿奎那对柏拉图的观点也是不能同意的。第三种意见是被托马斯·阿奎那称为"中间道路"的亚里士多德的意见。托马斯·阿奎那说,为了避免上述两种意见的极端倾向,"亚里士多德同意柏拉图把理智和感觉区别开来,但是同时他主张,感觉如果没有肉体的合作,自身不会有所活动的,因为感觉活动不仅仅是灵魂的活动,而且是一种组合体的活动"。"亚里士多德曾赞同德谟克利特的意见,灵魂之外的感性事物对组合体产生某种影响,各种感官的活动是由于感性事物影响感觉而引起的。"但是,亚里士多德又强调指出,仅仅认为灵魂之外的感性事物对组合体产生某种影响,这是不合适的。对此,托马斯·阿奎那分析说,亚里士多德的理论既承认感性事物对象,又注意理性及其主动的认识能力,这就既符合具体实际,又肯定了理智抽象,所以这种意见是可取的。

其次,托马斯·阿奎那承认感觉经验是知识的发端。这种对先验论的否定,其实是对统治十几个世纪之久的传统的基督教哲学的否定。他主张,人的知识是通过感觉经验获得的,认识从感官的感觉开始。认为,感觉不是单纯接受个别形象,而且还要对形象进行综合。指出,感觉有两种,一种是外在感觉,包括视觉、听觉、嗅觉、触觉。另一种是内在感觉,包括综合感、鉴审力、记忆力、想象力。这里应该注意的是,托马斯·阿奎那把亚里士多德提出的"辨别力"改成了"鉴审力",以示把人和动物区别开来。因为人和动物都有预防、逃躲、追捕、猎取等辨别能力,而人除此之外还有思维能力。

再次,关于感性认识的具体过程,托马斯·阿奎那在这里是这样描述的:感官受到一种刺激,就引起了一定的物质变化,在这变化中,感官受到了外界事物的一个形式,从而产生一种"感觉印象",这种"感觉印象"是具体的、单个的。由于感觉印象不仅是被动的,而且还有主动的一面,所以内在感觉通过分析、综合、识别、记忆、想象等,主动地作用于"感觉印象",就获得了"形相"或"形象"。

最后,托马斯·阿奎那提出感性认识是个别的、模糊的,感性认识必须转为理性认识,只有理性认识才是普遍的认识。也只有达到了这种普遍的认识才是真正的认识,才是完整的认识过程。然而,他又认为,理性认识是非物质的,不能直接感受"形象"这种物质的东西,必须假定理智本身有一种活动能力去感受感觉提供的资料。为了解决这

个问题,他在第 85 个题目第 3 讲中说:"在我们的认识中,有两件事要
注意。第一,理智的知识在某一阶段上来源于感性认识,由于感性是
以单个的和个体的事物作为它的对象,理智则以共相(普遍的事物)作
为自己的对象,因此,感性的认识先于理智的认识。第二,我们要看
到:我们的理智总是从一种潜能的状态转到现实的状态。"这就提出了
认识与对象统一的精神性同化问题。他认为,认识者与所认识的对象
的统一,在于认识者通过理智对所认识的对象的精神化。这样一来,
他便把人的自然知识归结到了上帝身上。上帝成了人的自然知识和
最终对象。至此,托马斯·阿奎那的认识论终于又成了上帝为最终目
的的形而上学论。他的巨著《神学大全》第一部,也以"上帝超越一切,
应该世世代代受到颂扬、亚孟"宣告结束。

第二部主要内容:

《神学大全》第二部集中讨论了伦理道德问题。托马斯·阿奎那
在阐述其伦理思想时,同第一部一样,注重旁征博引,精心思考,明确
阐发。在这一部中,他引用了 10 多位著名思想家、哲学家和神学家的
言论、观点,当然,援引最多的还是亚里士多德的思想。不过,在伦理
学方面,托马斯·阿奎那不像在论证其他问题时对亚里士多德的学说
基本上全盘照搬,而是在许多方面进行了原则性的修改、补充和论证。
因为,在他看来,亚里士多德的伦理学说是可取的,这个学说提出了人
人都向往善和追求幸福的命题,向人们揭示了目的论和幸福论。但
是,这个学说缺乏对上帝的认识,它只能分析现世的、暂时的部分善和
幸福,认识不到真正的幸福在上帝那里,所以,也就认识不到至善和幸
福,从而解释和指明人生最终目的。托马斯·阿奎那在整个第二部中
所阐述的伦理思想就是以上帝为最高原则和最终目的的。

第二部分为两卷,上卷内容是"一般伦理学",包括人生意义、个人
行为、人的理性、自由意志、公共社会生活、习性、德性、罪恶等;下卷的
内容为"特殊伦理学",包括善与恶、正义与非正义等,主要从基督教的

教义和教规的角度论证人类行为的规范性。由于本部篇幅最长,分设了303个题目,下面就几个主要内容进行综合性的介绍。

(1)伦理学的既定原则。

这一部分的前5个题目作为导论论述了人生的最终目的和幸福,指出,人不是自然的产物,也不是永恒的楷模,人拥有自由意志,因而要对自己的行为负责。同时,人又具有理性这一特殊的本性,所以要追求至善以实现幸福。上帝就是至善,追求并占有他就能获得幸福。因此,上帝是人生的最高原则和最终目的。托马斯·阿奎那又对人类道德行为的这一既定原则作了理性分析:第一,人类追求的至善和幸福,不在物质世界中,也不在同物质世界的结合中,而在高于这个物质世界的精神世界中。第二,基督教的伦理学是最完满的,它指导和完善世俗伦理学,给世俗伦理学带来光明。托马斯·阿奎那就是在这个既定原则下,提出了"基督教伦理学",并断定它是完美无缺、绝对可靠的。

(2)德性的定义及其分类。

托马斯·阿奎那从解释"习性"开始,对德性进行了界定和分类。根据托马斯·阿奎那的意思,德性的分类应该是这样的:

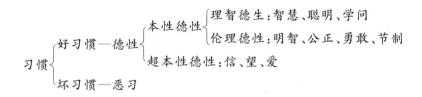

托马斯·阿奎那根据亚里士多德的定义解释说:"德性是一种习性。""所谓习性,它是由人类的社会活动逐渐形成的,所以它不是天生具有的,而是后天获得的。由于养成某种习性,使人能够容易地甚至似乎不知不觉地去实现某种行为。"习性有好坏之分,就伦理学的观点看,好的习性称之为"德性"或"美德",坏的习性则是"毛病"或"恶习"。由此可见,所谓德性,就是一种选择性的习惯,是一种使人易于行善的良好习惯。

根据基督教神学思想,托马斯·阿奎那对德性进行了与以往不同的分类。他提出,人有自然本性和超本性,相对应的,德性也有"本性德性"和"超本性德性"。所谓"超本性德性",亦称"神学德性",主要指神学上的信(信仰上帝)、望(希望上帝)、(敬爱上帝)行为。履行这三种行为,才算是真正的"完人"或"圣人",有了这三种行为,人们就能够完满地发展自我,完善自己的本性而归向上帝。关于"本性德性",托马斯·阿奎那按照亚里士多德的伦理思想,又区分为"理智德性"和"伦理德性"两种。

理智德性,是指那些能够改进和完善人的理智能力的习性,使理智容易达到真理。表现为智慧、聪明、学问。伦理德性,指那些能够使人的情欲按照正直的理智而活动的习性,或者说是人性行为在理智的指导和意志的决定所做的事情是符合道德规范的。由此可见,伦理德性不只是个理智问题,而且也是各种情欲的意志控制问题,托马斯·阿奎那又把伦理德性分成了四种:明智、公正、勇敢、节制。

所谓"明智",即审慎,指的是"行为的正直合理"。托马斯·阿奎那说:"在所有的伦理德性中,明智名列前茅",是首要的德性。它"协助一切德性,指导一切德性"。"明智是实现善的生活的必要德性"[①],因为它能够明辨是非,分清善恶,权衡利弊,比较轻重,指示人们在各种复杂的环境下,如何选择适当的方法,以达到善的目的。它能够使人们的行为在正直的理智指导下,采用适当的方法,完满地实现自己的目的。

所谓"公正"即公正。亚里士多德给公正下的定义是:"人按照公

---

① 《神学大全》第 2 部上卷,第 57 题。

正的抉择而实现的一种习性。"托马斯·阿奎那给公正下的定义是："坚定而持久的意志维护每一个人应有的权利。"托马斯·阿奎那认为他的这个定义比亚里士多德的完备、确切，"是完整的公正定义"。他认为，公正的要求是公正，一视同仁，尊重他人，所以公正与权利密不可分，作为公正的人必须尊重他人的权利。公正的对象是公共的和私人的权利和福利问题，这样公正就可以分为两种：普遍的公正和特殊的公正。前者以保障和促进公共福利为目的，所以要求人们循规蹈矩、奉公守法；后者是个人之间的私人利益，是以人们互相尊重和保护各自的权利和福利为目的，所以分为"交换公正"、"分配公正"。托马斯·阿奎那还指出，"公正在所有德性中是光灿夺目的，既非晚上的北斗星也非早晨的破晓星所能媲美的"，它是最伟大的德性，是最值得表扬的德性。因为其一，这种德性不像其他德性出于感性情感，而主要是由理智的自由意志所决定的；其二，其他德性之受到表扬在于其德性本身，而这种德性是根据人与人之间的良好关系来衡量的，就是说，公正关系具有社会特征。

所谓"勇敢"，是"基于理智和善于调节胆怯和鲁莽的一种美德"。他指出，勇敢针对胆怯和冒失两个极端，它作为德性，不仅是意志问题，更重要的是理智问题。所以，勇敢离不开理智，这样才能当意志面对合理而又有困难而畏缩不前时，表现为不怕牺牲而勇往直前。同时，勇敢也离不开克服困难，这样才能排除意志不服从理智的障碍。他还指出，勇敢主要表现在两个方面：一是坚持，二是战斗，而坚持比战斗尤为艰巨。因为相对来说，战斗是短暂的，比较容易的，保持战斗的成果不致覆灭，以及为了获得全胜，则是长期的和艰巨的。真正勇敢的人，既不在困难面前低头，也不在战斗过程中半途而废，相反能够坚持到底。所以，勇敢这一德性除了善于战斗之外，还在于不虎头蛇尾，一以贯之，始终不渝，持之以恒。既然勇敢表现为坚持和战斗，这就必然涉及勇敢与生命危险的问题。对此，托马斯·阿奎那在这第二部当中进行讨论。他的态度是，人身的最大不幸莫过于死亡，因为死亡就取消了生理上的一切善。然而，作为德性的勇敢，是伦理方面的善，是人心灵的善。这种善是生理上的善不可比拟的。因此，为了实践伦理方面的勇敢，在反对恶时，应不惜牺牲身体上的一切善，即牺牲宝贵的生命。例如，为了伸张正义而与歹徒搏斗，为了照顾好病人而染病，在受到战争威胁时士兵为祖国而战等，这种牺牲是值得的，因此说，"勇敢是一种特殊的伦理美德"。

所谓"节制"，即控制，是遵循理智而保存生命的人性行为。托马斯·阿奎那宣称，既然人是灵魂和肉体的统一体，因而人既有理智又有七情六欲。情欲本身无所谓善与恶，但如果缺乏理智，或畏缩不前，软弱无力，或恣意放纵，无法无天，这种"过"和"不及"都是恶。为使情欲保持在合乎情理的范围内，就需要接受理智的指导，需要节制。如食欲是为了生存，情欲是为了延续后代，这些似乎又难以驾驭，这就要求节制来调节，即"把这种生命的必然性作为它享受事物的尺度，也就是说，享受事物，无非是为了使生命得以延续"。更明确地说，节制就是根据理智承认维持生命的目的而适当地、合理地控制食欲和性欲。这里应该提出的是，托马斯·阿奎那在阐述并赞同节制的时候，又提出了禁欲主义，并且把两者相提并论，并且竭力调和二者之间的差别。他说："有人认为，关于这个问题斯多亚学派的意见和逍遥学派是有分歧的，因为斯多亚学派说，一切情欲都是恶的，逍遥学派却说，有节制的情欲是善的。的确，从字面看，似乎存在着相当大的区别，但实际上，如果人们注意双方的意见，他们之间没有区别，或者只是很小的区别。因为斯多亚学派没有划分感性和理性，因而也没有区分出理性欲望和感性欲望。"所以，一切情欲都是恶中的"一切情欲"，指的是不接受理智的行动，这与"没有节制的情欲是恶的"的断言，实质上是一回事。托马斯·阿奎那的这种解释虽然不无道理，但是其他方面的目的也是显而易见的。他对此进一步论证说："人类社会不仅在肉体方面需要繁殖,而且在精神方面也要有所发展。所以,如果有一部分人从事肉体生殖已足以解决问题,那么另一部分人实行节欲来专务上帝的思考,以便促进全人类的美好的精神生活和得救,也是必要的。正如军队里有的守卫营地,有的举旗指挥,有的持枪作战,这一切都是应该做的事,可是不可能由一个人来承担这一切。"这里,他已经是直截了当地借社会分工的理论来肯定禁欲主义的合理性,又借士兵的职责来宣扬禁欲主义,为基督教神职人员过禁欲主义的独身生活作辩护了。

除了以上伦理德性的四个基本范畴外,托马斯·阿奎那还论述了"良心"问题。

(3)法的定义和性质。

托马斯·阿奎那说,人类行为的伦理标准有两种:一种是主观的"良知"或"良习",一种是客观的"法律"。他给法的定义是:"法无非是关心社会团体的人为了共同利益而颁布的一种理智命令。"根据他的一贯思想,这里的"理智",不是物质的,不是产生于物质的,也不是人自身产生的高级思维功能,而是上帝直接赋予人的一个精神实体——灵魂的功能。这个定义所说的"法是关心社会团体的人为了共同利益而颁布的",是借助亚里士多德的观点,表述的法的组成条件:①公布于众;②保障人的活动,致力于共同福利。这种表述似乎无可非议,但实际上又是他在利用亚里士多德学说为基督教神学服务。如果把这一句和"理智"联系起来,这个定义的意思不成了:法是具体保障上帝赋予人的理智及其人性的规定性,是上帝赋予人们良心的道德戒律,只是在现实生活中,为了社会的共同利益而具体化了。所以,托马斯·阿奎那给法确定的性质是:"法是一种从属于理智的东西。"

(4)永恒法、自然法、神法、人法。

由于托马斯·阿奎那对法的定义和性质的那种界定,他必然对法作出奇特的分类。他说,从立法的观点来看,法可以分为神法和人法;从法的对象来看,有命令法、禁止法和准许法;从守法的观点来看,可以分为普遍法和特殊法；从法的约束力来看，有具体惩罚，也有良心的谴责。他对法的排列是：永恒法、自然法、神法、人法。

关于永恒法。托马斯·阿奎那说："永恒法无非是指导一切行为和运动的上帝智慧的计划。"上帝由此创造和指导宇宙万事万物，并使整个宇宙协调一致。在他看来，永恒法在上帝那里，是上帝计划的原则。或者说，上帝的智慧本身就是永恒法。例如，在上帝创造人时就永恒地规定好了人的本性，使人无法抗拒地按照上帝的计划和规定发展。反过来，宇宙万事万物也无一不反映着永恒法，遵循永恒法。总之，永恒法是上帝为宇宙万事万物规定的永恒规则，也是其他一切法律的根源和基础。在永恒法能否被认识的问题上，他说："永恒法就其本身是无法认识的……但通过其大大小小的表现，一切具有理智的创造物是可以认识的。"动物没有理智，不可能有与自己的本性相反的活动，这说明它们无法抗拒上帝给它们制定的固定规则，也不能认识永恒法。而人是有理智的，人不仅有本性的需要和目的，还认识到自己本性存在着一些基本法则，所以，一事当前会给自己宣布一条基本的命令，应该怎么做，不应该怎么做等，这些基本的命令就是基本的自然道德法则，"就是理性的创造物所分享的永恒法"。所以，托马斯·阿奎那断言："人们或多或少都认识永恒法。"

关于自然法。在这里，自然法不是指自然界的一般规律，而是"理性的创造物所分享的永恒法"，它是从永恒法派生出来的，从属于永恒法。他认为，上帝创造人时就在人的心目中印上了部分的永恒法，当人们反省本性的需要和目的时所形成的那个基本命令，也就认识到了部分的永恒法，"这部分的永恒法就是自然法。所以，自然法业已印在人的心中，而且是无法磨灭的"。任何有理智的人都知道自然法，特别是其中的一些基本原则，都是自明的、普遍的、举世皆知的和一致公认的，如"行善避恶"等，既不需要加以论证又为大家所接受。

关于神法。神法是托马斯·阿奎那的伦理学说，也是一切宗教伦理所特有的。托马斯·阿奎那的神法是对旧约时代"十条诫命"和新约时代"爱上帝而爱人的诫命"的归纳、阐发。在这里他尤其详细地论述了人为什么需要神法,他指出:①不仅是有理智,而且是有血有肉,有情欲和见解的,"有些人或由于情欲,或由于腐败的习俗,或由于不良的习惯,而缺乏理智"时,一般的法律只是制裁其行为,神法能够从心灵深处给人以约束力。如《圣经》中所要求人们的信奉上帝、奉公守法、内心纯洁、完善自我、孝敬父母、尊重他人、彼此相爱等,它从心灵深处指导人们理智地生活,免遭蒙蔽。②人所生活的社会环境是复杂的,人思考问题也必然会受特定条件的制约,在这种情况下,以往一些自明的基本的原则有时也似乎模糊不清,"如同恺撒在《高卢战争》一书中所记载的,在日耳曼民族那里,盗窃不认为是坏的,虽然盗窃明显地违反自然法",这时候,自然法就显得无力了,惟有神法才能给予正确的解释,因为神法会以绝对的正确性排除任何错误。③人生目的不仅仅是现世的善,更重要的是追求来世的善。来世的善是超自然的,对超自然的把握,惟有靠超越自然的上帝来把握。所以说,上帝启示的神法不仅是十分必要的,而且是至关重要的。④一般的法律受时间和空间的限制,不可能阻止和制裁所有的罪恶,而神法无时不在、无处不在,普遍有效,所以神法是人们必需的。

关于人法。托马斯·阿奎那认为,人法是人间的法律,具有理智特征。任何理智的人都向往过好集体生活,向往有良好的秩序,因为"人是一种社会和政治性的动物"。可是,如果没有人负责管理,没有人负责谋求公共利益,这种集体的社会生活是过不好的。"所以,为了人间的平安和行善,制定法律是必要的。"他又指出,人法是在特定时间、特定环境的特定条件下制定的,不是永远正确和完美无缺的,而是有条件的、暂时的、可变的,有着不可避免的局限性。所以,人法"实现不了所有的善","禁止不了所有的恶","人法只禁止比较严重的恶"。另外,人法所制裁的也只是外在的罪恶行为,对内在行为是否罪恶则是无能为力的。因此,人法是不完整的,需要由神法加以补充,"唯独神法,本身包含着永恒法和自然法,能够全面地判断人的内外一切行为。"

通过以上概略的介绍可以看出,《神学大全》第二部是一部基督教学说论著,又是一部典型的宗教伦理学论著。其中的伦理思想在信奉上帝的基督教区是影响深远的。自1600年阿曹根据《神学大全》第二部编写的《伦理学教程》之后,一直到20世纪60年代初,教会内部没有出现过一本像样的伦理学教科书。可见,托马斯·阿奎那的宗教伦理学统治时间之久远。

第三部主要内容:

《神学大全》第3部,完全是按照基督教的教义教规,阐释纯神学问题。他亲笔完成了90个题目。

(1)(第1至第59个题目)对耶稣基督教的论述。

托马斯·阿奎那对《圣经》上记述的耶稣基督既具有人的肉体又具有上帝的神性作了论证。他根据亚里士多德的形而上学论关于本质与存在有区别、实体与形式相统一的原则,认为基督既是神又是人,是神性和人性的统一体,又具有神和人的各自的特征。作为上帝之子,基督具有超凡的能力和无限的作用;作为人类之子,基督也有人性的弱点(悲伤、痛苦、死亡等)。正因为如此,基督是上帝和人间的中介,是人类的楷模。于是,托马斯·阿奎那告诫人们,要崇拜基督,要信奉基督的代理——基督教会,要遵守基督教会的教义和教规。

(2)(第60至90个题目)对基督教"七项圣事"的论述。

基督教的"七项圣事",即基督教规定的教徒必须遵守的七项宗教礼仪:洗礼、圣振、圣餐、忏悔、终传、婚配、神品。托马斯·阿奎那运用亚里士多德关于质料与形式的理论,力图论证每一项圣事都赋予人以新的生命的形式。如:

洗礼:又叫圣礼,是小孩出生后或成人入教前受洗的宗教仪式,以表明洗涤原罪,使人不再是魔鬼的奴隶,而成为上帝的儿女。托马斯·阿奎那论证说,原罪就是质料因素,洗礼就是赋予人的新生的形式因素。

圣振:即规定教徒在成年之前作一次信仰宣誓,表示对上帝坚信不疑。

圣餐:又叫圣体,指基督教徒们参与弥撒时,所领受的酒和面包,由于神父的祝圣,这些酒和面包已变成了耶稣基督的血和肉,托马斯·阿奎那论证说,可以撇开质料的属性,直接把握形式和实体,把祝圣后的酒和面包看作质料和属性,看作基督本人的血和肉这个实体形式。

忏悔:又叫告解。这是说,人不可能不犯罪,就怕不忏悔。忏悔表示知过改过,以求上帝宽赦。托马斯·阿奎那认为,罪恶是违反永恒法的,忏悔是天经地义的,是立志改过和有道德之心的表现。所以基督教制定了忏悔这一圣事,并确认为是一种德性。这一圣事,托马斯·阿奎那原打算通过 6 个问题进行论证,可是只写到第四个问题时就终止了。《神学大全》也就到此全部结束。

托马斯·阿奎那对"七项圣事"的论证,在我们看来,是牵强附会的;在他本人看来,他也不得不承认,这不是理论上可以说清楚的,也不是一般人能理解的,这完全是个信仰问题,只能是诚心诚意地去领悟,决不可有半点疑心,以免犯亵渎之罪。

"七项圣事"只写了四项,看来《神学大全》是一部残缺不全未完成的作品。其实,对于托马斯·阿奎那的思想体系来说已经是完整的了,其他已无关大局。如果再继续写那三项圣事,也只不过是纯粹的基督教教义、教规的注释。后来他的秘书透露说,他再也没有什么可写的了。因此说,《神学大全》是全面反映托马斯·阿奎那思想的完整的巨著。

托马斯·阿奎那是个神学家兼哲学家,而且主要是个神学家。他的宗教世界观和以上帝为目的是坚定不移的。这部《神学大全》又是在错综复杂的矛盾中写作,在各种学派、各种势力激烈争斗中产生的,所以,这部著作中以上帝为本的思想,一问一答的方式,以及含蓄、暗示、借古讽今的风格都是有原因的。不过,应该必须肯定的是,他在当时那种历史条件下,能够如此分析论证,无疑是对亚里士多德哲学的继承和发挥,是对基督教神学的大胆革新。

3. 关于上帝存在的证明

近 500 年来,欧洲哲学史上反复提到的关于上帝存在的 5 个著名的论证,就是托马斯·阿奎那在《神学大全》第 1 部第 2 个题目第 3 讲中阐发的。

关于上帝存在的问题,一直是基督教哲学注重论证而又永远也证明不了的问题。在托马斯·阿奎那之前,教父哲学代表人物——奥古斯丁曾经借助人的内心思辨的途径证明上帝的存在。这种证明方式就在于摆脱变化无常的物质世界,深入内心,进行自我反省,最后在一种神秘的体验中,刹那间顿悟出一个不变的本体——上帝。在奥古斯丁之后,安瑟尔谟曾以他的从思维推出存在的本体论证明而闻名于世。安瑟尔谟根据人们心中有关于一个至高无上的上帝的概念,根据上帝由于其至高无上性,必然既存在于人们心中也存在于现实中,从而推论出上帝现实的存在。然而,那些空洞抽象的概念游戏,使得关于上帝存在的证明反而成了上帝不存在的证明。随着历史的发展,奥古斯丁和安瑟尔谟的证明都先后遭到了批驳。连托马斯·阿奎那也公开表示安瑟尔谟的证明不能自圆其说。因为从概念推出存在，是不符合逻辑的。我们心中有关于某一事物的概念，并不能够表明事物在现实中存在。他决心另辟新径，重新对上帝的存在加以论证。

在当时进步思潮猛烈冲击、基督教神学受到严重威胁的情况下，上帝的存在成了基督教必须尽全力加以证明的根本性问题。托马斯·阿奎那摒弃以往基督教对此的先验证明，别出心裁地采用了后验证明的方法，并且首先声明他从归纳世界的存在中证明上帝的存在是最可靠和最有效的。他说："证明有两种，一种是根据原因，所谓由于它，这无疑是先验证明。另一种是根据结果，所谓因为，这就是后验的证明……因为结果同其原因相比，显然我们更容易认识结果，所以，我们往往通过结果来认识原因，任何结果，只要我们越认识它，就越能推论其原因。因为结果渊源于原因，有果必定先有因。所以，上帝的存在，从上帝本身我们是无法认识的，但是我们可以通过认识到的结果加以证明。"他一再强调，关于上帝，"需要我们根据较为了解的事实或者根据略微知道的自然效果加以证明"。于是，他以所谓后验的归纳方法，对上帝的存在从 5 个方面进行证明，并且称他的证明为通向上帝的 5 个途径。其全文如下：

第三讲　上帝存在吗？

第三讲安排如下：

一、或许上帝并不存在，因为如果矛盾的一方是无限的，则另一方完全被排斥。然而上帝这个名称意味着无限美好，如果上帝存在，则不会有恶，可是世界上有恶。所以上帝并不存在。

二、再者，凡是用几个原则可以证明问题，就不必再增加原则。然而，假定上帝不存在，世界一切事物看来也可以用某些原则予以说明，因为凡是自然的事，可归于自然的原则；属于设想的事，可归于人的原则即理智或意志。所以没有必要假定上帝存在。

可是，与此相反，在《出埃及记》第 3 章第 14 节上，上帝亲自说："我是自己有的。"

我的答复是：关于上帝的存在，有五种方法可以证明。

第一种最为明显的方法是运动。因为在这世界上有些事物在运动，这是确凿不过的，而且感觉也可以证实的。凡是运动的事物，都为另一事物所推动。凡是被推动的，无非有被推向某一方的可能，至于推动者，其本身则是现实的，因为运动无非是引导事物从潜能变为现实。如果没有现实的东西，就不可能使某事物从潜能变为现实，例如，火这现实的热，使木头从可能的热变为现实的热，火就是这样推动木头，变化木头。但是，一个事物不可能在同一情况下既是现实的，又是潜能的，只有在不同的情况下才会是现实的和潜能的。因为，凡是现实的热，不可能同时又是潜在的热。不过可以同时是潜在的冷。因此，任何事物决不可能在同一情况或同一条件下既是能动者又是被动者，或者说它是自动者。所以，凡是运动的事物，必为另一事物所推动。因而，如果运动甲是被动的，则甲本身必为乙所推动，而乙则必为丙所推动。然而，这又不能永远推论下去，因为这样就没有第一推动者，从而也就没有什么运动可言。因为第二运动者，如果没有第一运动者去推动，是不会运动的，比如手杖，如果不是手去推动，是不会活动的。所以最后必然追溯到一个不为其他事物所推动的第一推动者。这就是大家所理解的上帝。

第二种方法是根据成功因的情况。因为我们在一些感性事物自身中发现一个成功因的系列，可是找不到而且也不可能找到某事物自身就是成功的原因，因为倘若这样，它比自己存在的还早，这是不可能的。然而，在成功因之间也不能永远地推论下去，因为在一系列的成功因中，最初者是中间的原因，而中间者无论是许多或者只一个，总是最后的原因。如果除掉原因，则等于除掉结果。所以，如果在一系列的成功因中未先有最初者,则没有中间者,也没有最后者。然而,如果对成功因永远地推论下去,则就没有最初的成功因,这样也就没有中间的成功因和最后的结果,这显然是错误的。所以,必须假定有一个最初的成功因,它就是大家说的上帝。

第三种方法是运用可能性与必然性。因为我们发现,有些事物可能存在,也可能不存在,既然它们有生有灭,它们就可能存在,也可能不存在。像这样的事物,决不可能永远存在,因为凡是可能不存在的,总有时候它会没有的。所以,如果一切事物都可以不存在,则有一天就会什么都没有。但是,如果这是真实的,则现在什么也没有,因为凡是不存在的,不会开始存在,除非有其他东西推动它存在。所以,如果从来什么都没有,则不可能有什么事物开始存在,现在也就什么都没有了。这种说法显然是错误的,所以不是一切事物都是可能的,而是有些事物势必是必然的。至于必然的事物,其必然性都有其原因,或者是外在的原因,或者则不是。但是,把外在的原因无穷地推论下去,是不可能的。正如前面已证明的,不能无穷无尽地推论成功因。所以,必须假定一个自身就是必然的东西,它不接受外在的必然原因,但却是其他事物的必然原因,它就是大家说的上帝。

第四种方法是运用事物的等级。因为人们在事物那里会发现或多或少的善、真、珍贵等诸如此类的东西。所谓或多或少的不同,乃是指它们接近最高标准的不同程度而言的,例如很热,就是指它同最热很接近。所以,作为一个最真实的、最美好的、最珍贵的东西,也就是最高的存在。正如《形而上学》第2卷上说的,凡是最真实的东西,例如火是最热的东西,它就是一切热的东西的原因,这也是《形而上学》第2卷上所说的。所以,必须存在着一个完善性和完美性作为万事万物存在的原因。它就是我们说的上帝。

第五种方法是运用事物的治理。因为我们看到有些东西如自然物体,并无知识,却有目的地活动着,而且常常或者说往往按照同一种方式进行活动,以便达到最佳的效果。显而易见,它们之所以达到目的,不是出于偶然,而是遵循着一个主意。可是,无知的东西如果没有受到一个有意识的、有理智的指导则不会追求什么目的的,如箭要有射手来发射。所以必须有一个理智者,由于它,一切自然界的事物才能达到目的。它就是我们说的上帝。

关于第一个问题的解答是,奥古斯丁在《教义手册》第11章说:"既然上帝是至善的,在他的工作中就不允许有恶的存在,除非他既是全能的又是至善的,能使恶转化为善。"所以,上帝允许恶存在,并从恶中引发出善,这说明上帝无限善良。

关于第二个问题的解答是,由于自然界是在一个最高级的作者指导下按照既定的目的进行活动的,所以自然界的所作所为也就必须以上帝这第一原因为依据。同样,人们假设的事也应该以一个最高的原因为依据,不是以人的理智和意志为依据,因为理智和意志是变化无常的和有缺陷的。正如前面所指出的,一切变化不定的和难免的有缺陷的东西,必须以不变的自身必然的第一原则为依据。

以上就是托马斯·阿奎那对上帝存在5种证明的全部内容,它一度被经院哲学家和神学家们推崇备至,被称之为空前绝后的独创理论,是自柏拉图提出神的假设和奥古斯丁、安瑟尔谟用先验方法证明上帝存在之后,发明了运用人的理智和思维逻辑,归纳自然知识,提出了上帝的存在,从而把有史以来关于上帝的证明推到了顶峰。

不可否认,托马斯·阿奎那革新基督教会的理论传统,扬弃他的前人在这方面的先验性理论,在一定程度和一定层面运用和发挥了亚里士多德的学说,强调从经验事实出发,运用理性推理,从结论推出原因,从已知推出未知,在一定意义上表现为承认物质世界,尊重客观规律,主张知识从自然界开始,以可感的形象为起点,通过抽象,上升为普遍概念。他这种认为上帝只能从归纳自然知识,从推论的结论中被认识的观点和方法,比以往那种内心先验直觉证明,似乎理由更充分了一些。但是,教会推崇托马斯·阿奎那这 5 种证明的最主要原因,无非是他采用了当时最流行的亚里士多德主义,使经院哲学能够出现一个新的形态而获得新的生机。

然而,就我们的观点来看,托马斯·阿奎那的这个证明,在逻辑推论上是错误的,在结构上是不合理的,在内容上也基本上不是他自己的。他的证明源于亚里士多德的理论,但很多地方歪曲了亚里士多德的原意,有的是"抓住了亚里士多德学说中的僵死的东西"①,把它们一一塞进经院哲学,为神学辩护。

从逻辑推论的错误来看,在证明开始时,就先假定了一个最高原因,必然的存在——上帝,而且把这个最高的原因和必然的存在,归结为没有原因的终极原因,在证明之前就早已肯定了基督教的基本信条——上帝存在这个命题。这是不符合逻辑推理的。而且在论据和论证方面,把科学概括的宇宙间的自然规律的必然性同宗教思想所得出的信仰对象简单地等同起来,这种论据是不充足的,论证方式也是违背逻辑学基本理论的。所以,托马斯·阿奎那理论形态上的后验证明,与柏拉图主义者的先验证明没有什么实质上的区别,二者殊途同归,把自己预先设想出来的结论作为事实,去抽象地推出早已信以为真的预期结论。

从论证的结构上来看,这 5 种证明实际上只是两种。前 3 种是从结果推到原因,属于因果律证明;后两者属于目的论证明。

第一种证明是从事物的运动和变化出发的,认为,在世界上,只要是现实存在的都处在运动之中。凡是运动者,必然有另一个事物所推动,甲受乙推动,乙受丙推动,以此类推,但又不能无限地推下去,要不然就没有第一推动者了,没有了第一推动者也就没有了其他事物的运

---

① 《列宁全集》第 38 卷,人民出版社 1959 年版,第 416 页。

动。这个不受任何事物推动的第一推动者就是上帝。这个证明用的是从结果到原因的逐步升级方法，其中否定无限的类推，而得出最初的原因——原动力。第二种证明是从作用因的本质出发的。认为，我们这个世界有一个作用因的次序，但是，任何事物不可能有自身的作用因，否则它就先于自身而存在了。然而，我们也不能把作用因的系列推到无限，否则就没有第一个作用因，也就没有中间的原因，因而也就没有任何结果了。这个最初的作用因就是上帝。这个证明的基本逻辑思路是：一切结果渊源于最初的原因——无限推论的不可能性——第一原因即上帝。第三种证明方法是从可能性和必然性出发的。认为，一切存在的事物都是可能的，而且还必须有必然的事物作为其他事物必然性的原因。这个必然性的原因系列也不能无限地推论下去，必须有一个自身就具有必然性而决不从其他事物获得必然性的事物，来作为其他事物必然性的原因，这个自身具有必然性的事物就是上帝。这个证明的基本思想是：世界上的事物无不属于可能性，而可能性有赖于必然性，而最终的必然性只能是一个，它是绝对的必然性，是万事万物的最后原因。由此可见，这3个证明都是由结论推到原因的因果律证明。

第四种证明是从事物存在的等级出发的。认为，一切事物在不同程度上的美好、真实、尊贵，取决于该事物对最美好、最真实、最尊贵的事物接近的程度。任何事物中都存在有一个最高者，它就是该物类中最完美的存在。世界上还必然有一个最完全、最美好的存在，这就是上帝。在这个论证中，是通过形而上学的简单类比求证上帝绝对存在的。第五种证明是从世界的次序出发的。认为，一切事物都有着自己的目的，它们追求自己目的的活动总是遵循着相同的途径。这种活动又不是偶然的，而是有计划的，如果不受一种意志或理智的指导，是不能达到目的的。因此，必然有一种理智来指导一切事物归向其目的，这就是上帝。这一种证明，是所谓世界被统一管理的证明。无非是说,任何事物都按照预定的方式向着一定的目标迈进,之所以如此,无疑是上帝这个最高的智慧所支配的。由此也可以看出,这后两种证明没有多大的实质性差别,都是属于目的论证明。

从这五种证明的理论内容来看,并不是托马斯·阿奎那的独创或新发明,只是他以基督教神学为目的,对先哲们的理论进行了选择、提炼和综合,并通过适当的加工、修改,把其纳入了基督教的教义。例如:

托马斯·阿奎那的第一种证明,在亚里士多德的《物理学》第7、第8卷和《形而上学》第12卷中都可以找到出处。在那里,亚里士多德提出了两个命题:一是凡是受动物均被另一物所推动,二是在一连串的动物的事物中,不能无止境地推论下去。进而对这两个命题从整体和部分、必然性和偶然性、潜能性和现实性等许多方面作了细致的论证,然后得出了存在"一个不动的始动者"的结论。亚里士多德的这一思想是新颖的、具有独创性的,其中包含着内在动力、自身矛盾、自己运动这一辩证法的核心思想。但是,亚里士多德的这一观点最后滑入了唯心主义,他由此推出47个或55个上帝,成了泛神论的理论工具。托马斯·阿奎那从"一个不动的始动者"中受到启示,并发挥了其中的唯心主义方面,直接把亚里士多德的理论当作上帝存在的根据。因此说,托马斯·阿奎那不仅详细注释了亚里士多德的著作,而且发展了亚里士多德的思想,当然这种"发展"也不乏其篡改的成分。

托马斯·阿奎那的第二种证明,即从作用因的证明,也不是他的首创。亚里士多德曾经用大量的篇幅提出并且阐述了他的著名的"四因"说,即质料因、动力因、目的因和形式因,其中包含着可贵的、合理的因素。托马斯·阿奎那在阐释和运用这一理论时,把"动力因"改成了"作用因"或"成功因",之所以改为成功因,在他看来,动力因只强调了事物开始时发动的含义,而成功因不仅包括事物形成的原因,而且意味着事物在形成之后继续发生着作用,这样看来,"成功因"比"动力因"确实深刻、确切,是托马斯·阿奎那的创新。但是,亚里士多德没有从第一原因中引出上帝,而纯粹是托马斯·阿奎那的所谓引申,难怪经院哲学家们说这种引申是"新水平"、"新贡献"。

托马斯·阿奎那的第三种证明,关于运用可能性和必然性关系的证明,在他生前的阿拉伯哲学家法拉比就提出,现存的事物有可能的和必然的之分,可能的事物有赖于必然的事物,而必然的事物则是由于自由而必然存在的,这个必然存在的结果是神。犹太哲学家迈蒙尼德也曾提出过 3 种可能性的假设:(1)没有东西会产生和消逝;(2)任何东西都会产生和消逝;(3)有些东西会产生和消逝。托马斯·阿奎那在参照这些理论论证上帝的存在时,把其中的两个前提当作了根据,一是可能性是偶然的,可能存在也可能不存在,它与必然性是对立的。二是可能性自身无法存在,它之所以存在着,是有存在的原因的。由此推断出,世界上存在和曾经存在过的东西,必须有其存在的理由,所以人们必须承认有一个作为事物存在理由的而且完全独立的存在,即上帝的存在。由此可见,托马斯·阿奎那把先前哲学家的这些理论和方法,以及他借助的亚里士多德关于可能性和必然性的关系的理论,完全神化了。

托马斯·阿奎那的第四种证明,即关于事物不同等级的证明,亚里士多德早在《形而上学》和《论天地》等著作中,就已经完整地提出来了,他认为在事物的等级系列当中,既然有较为好的存在,就必须有最好的存在,而最好的存在就是神的存在。托马斯·阿奎那的所谓任何事物都不同程度上具有善的成分,不仅是来自亚里士多德的上述观点,而且还渗透着奥古斯丁倍加赞赏的柏拉图关于"分享"或"参与"的理论。看来,托马斯·阿奎那为了基督教的需要,是博采了多种对其有利的学说,对上帝的存在进行证明的。

托马斯·阿奎那的第五种证明,他认为,宇宙被统一管理,使事物都朝向一个确定的目的,这就意味着确实存在着一个伟大的统治者。在这个问题上,他有两个比较明显的杰作,一个是把教父们和神学家们关于宇宙被统一管理这个纯神学命题,巧妙地引进目的论,使之哲理化,变成了哲学命题。再一个是把亚里士多德的《物理学》关于宇宙间存在着多个目的体系和自然界有一个不需要神指挥的内在规律,改成了宇宙本身只是一个目的体系,有一个非上帝不可的统治者。

通过以上粗略的列举不难看出,托马斯·阿奎那的 5 种证明,是他利用亚里士多德哲学重建经院哲学的一个著名的、典型的例证。

4. 圣　徒

1272 年,多米尼克修会会长致函托马斯·阿奎那,让他回意大利佛罗伦萨,主持修会大修道院的修建。西西里国王也聘请他到意大利那不勒斯大学任教。这时的托马斯·阿奎那对巴黎大学接连不断的学潮和无休止的论战已感到厌倦,觉得在这里已经无法静下心来进行教学和研究工作,所以他愉快地接受了任命和邀请。尽管巴黎大学校长和神学院的教师们联名挽留,但是他认为这里没有什么可留恋的,毅然离开巴黎,到多米尼克修会在佛罗伦萨的最高机构供职。

这个时期,是 47 岁的托马斯·阿奎那最为辉煌的全盛时期,他受命为意大利的多米尼克修会会士们修建一座大修道院,以便一方面思考辩论,一方面著书立说,一方面到各地讲演。在这里,除了完成《神学大全》第三部之外,还注释了亚里士多德的《天地论》、《生灭论》等著作;注释了《圣经》诗篇中的 54 首赞美诗;讨论了基督教的一些其他圣礼,如补赎礼、涂油礼、婚礼、牧师授职礼等;讨论了"最后四件事":死亡、报应、地狱、天堂……重返意大利的托马斯·阿奎那总是以"新"的姿态出现,特别是在讲坛上辩论时,他精神抖擞,振振有词,过于肥胖臃肿的体态被掩盖了,光秃秃的脑袋反而显得更加智慧博学。他以现实主义者的姿态强调面对客观,承认现实,通过理论和实践的结合来解答问题,他标榜自己是亚里士多德的实在论者。他的讲演得到了那不勒斯国王的高度评价和资助,西西里国王也非常赞赏他自巴黎大论战以来表现出来的天才。他的名字几乎传遍西欧。

过去人们开玩笑说,托马斯·阿奎那胖得像个酒桶,现在突然间又变成了醉汉。他醉了,不一定是醉于自己的业绩和成就,但肯定是沉醉于宗教问题的内心思考。白天他常常思考得废寝忘食,晚上又常常被白天思考的问题所惊醒,满脑子都是关于神的各种问题。他也许是真的"醉"了,显得举步蹒跚,体力不支。一次,他去见一位红衣主教的使者时,不仅一路不言不语,等见了面也是一言不发,直到陪同他的人使劲拉他的衣裳,他才觉悟过来。1273年12月6日早晨做弥撒时,他入神忘形,笔直地站着,好像在同谁对话似的。有人说这是一种洞见;有人说这是精神崩溃;有人说这是精神超脱,沉醉于神秘的体验;有人说他过分强调理智,主张哲学论,从而损害了以信仰为特征的神学命题,最后陷于不能自圆其说的思想矛盾之中,导致了精神分裂。凡此种种,众说纷纭。不管怎样,这一经历宣告了他的一切学术活动的终结。当秘书提醒他《神学大全》尚未完成时,他回答说:"我再也不能写了,我过去写的东西同圣书中看到的相比,都不值一提。"

1274年元月,教会为了调解西方拉丁教会与东方希腊教会的矛盾,决定在法国里昂召开会议,当时教皇点名让托马斯·阿奎那以教廷神学顾问和基督教神学最高权威的身份出席。托马斯·阿奎那虽然感到身体不适,但还是绝对服从,毅然决定赴会。随身还带上了他1263年写的《斥希腊人的谬谈》小册子,准备向与会者散发。途中,突然感到头部负伤似的疼痛,不得不在福萨诺瓦附近的西斯特西安修道院停下来。

这是 1274 年的大斋节期间,修道院墙内墙外飘着雪花,屋子里微弱的烛光追逐着跳跃的影子。托马斯·阿奎那面颊上沁出汗珠,一阵阵地进入梦幻之境,他的亲密朋友、托钵僧雷金纳德把他抱到怀里。修道士给炉子添着木柴,虔诚、忧郁的人们围在他的身边,低沉地吟唱着圣歌。"你不是想吃鲜美的鲱鱼吗?它是法国的珍馔佳肴。"

突然,托马斯·阿奎那大声喊道:"什么时候我才会得到圣徒为我的炉子添柴的特殊荣耀?选"

"安静些,托马斯,太冷了。"

"不,上帝的仆人不应为我生火。看,太阳是多么光明璀璨。"

"可笑啊,托马斯,现在还是冬天,外面一片白雪,除此之外什么都没有。"

他连连摆手,喃喃低语:"春天?选春天?选"

冬夜之幕降临的时候,他闭上了双眼。时值 1274 年 3 月 7 日,年仅 49 岁。

他的心里似乎还回荡着一个声音:"现在当然是我所爱的春天?选来吧,让我们走进原野。"

托马斯·阿奎那逝世后,保守派们对他的攻击依然没有停止,他的某些观点继续受到一些人的公开谴责。不过,他还是受到了社会各界的拥护和理解。曾经是主要对立面的巴黎大学文学院在致哀慰问信中说,他是"上帝赐给全世界的一种特殊恩典","他是宇宙中最卓越的破晓明星,辉耀无比","他向我们揭露了大自然的奥秘"。在牛津大学保存的材料中有这么两句话:"圣徒托马斯与世长辞,多么可恶的死亡?选"以对他的早逝表示哀悼和遗憾。在科隆的大阿尔伯特老师闻此噩耗,痛哭流涕,悲痛欲绝,宣称"这是人们的最大不幸"和"无可弥补的损失"。

托马斯·阿奎那的工作是惊人的。他毕生忠于信仰,服务于教会,在思想上和理论上为基督教会作出了卓越的贡献。他除了《神学大全》、《反异教徒大全》、《论真理》外,还给世人留下了《论存在与本质》、《论自然的原则》、《斥阿威罗伊学派论理智的统一》、《斥奥古斯丁学派论宇宙的永恒性》等,还有 12 部关于亚里士多德著作的评注,共 100 余部,计约 1500 余万字。这就是说,他在 30 年的工作生涯中,除了繁重的教学工作和教会事务工作外,他还须每天以 1000 多字的速度写作。值此,我们不能不对他惊人的能力和精力发出赞叹。托马斯·阿奎那的影响是巨大的。他谨慎自制,淡薄名利地位,舍弃富贵荣华,不继承父业,不当主教,不当院长,追求清静、思索和研究,一心为基督教探出一条新路,为基督教神学创建一个新体系。他的人格、追求、聪明才智和奋发精神,赢得了教会内外最高层的赏识:受聘于教廷神学顾问、被教皇任命为神学教授、被修会高层推荐为主教、被查理国王聘请为那不勒斯大学教授、被路易九世国王邀请参加宫廷宴会等。

托马斯·阿奎那和他的同代人及前辈相比,有过之而无不及。他大胆果断,勇于革新,适应形势,跟上潮流,坚决地抛弃沿用了几个世纪的旧的柏拉图的先验论,改用新的亚里士多德的实在论,在多方面重压之下,注意客观需要和发展方向,巧妙调合理性与信仰的矛盾,独辟蹊径,使基督教哲学走出了危机,在曲折的道路上延续了人类理性思维的传统。

托马斯·阿奎那在世 49 个春秋,恰恰在他死后 49 年的 7 月 21 日,教皇封他为"圣徒"。据说,托马斯·阿奎那临终前在西斯特西安修道院时,已有好多天没有进食了,他突然说想吃鲱鱼,当时有人解释说,鲱鱼在巴黎容易买到,而当地没有这种鱼。这时出现了一个奇迹:从当地鱼商那里购来的一批沙丁鱼中发现了不少鲱鱼。教皇说了一句风趣的话:"托马斯奇迹的数目与他《神学大全》的条目一样多。"教皇宣布托马斯·阿奎那为"圣徒"后,接着,多米尼克修会把接受托马斯·阿奎那的学说作为入会的条件;教皇给托马斯·阿奎那的神学哲学以教会教育机构中唯一值得尊重的地位,列出了 24 个托马斯·阿奎那的论点,定为在基督教学校中可靠地、安全地进行教授的东西。随后,"天使博士"、"哲学导师"、"圣师"等桂冠接踵而来。及至 19 世纪末,当基督教思想理论再度处于危机的时候,特朗德会议和《永恒之父通谕》都以教会法令的形式,钦定托马斯主义为罗马教会官方唯一正统神学和哲学,并且责成全世界神学院和基督教会学校学习和教授。

第七章
托马斯主义

　　托马斯是中世纪经院哲学的集大成者。他既坚持了传统基督教哲学奥古斯丁主义,维护教义的权威和神学的统治地位,同时又顺应时代的潮流,对经院哲学加以改造,并采纳了亚里士多德哲学中的思辨方法和思想,来为基督教哲学服务,企图调和奥古斯丁主义与亚里士多德哲学之间的矛盾,创造一种更为合理的、理性的经院哲学。为此,他构建一个庞大而全面的思想体系。这一体系内容可以说是包罗万象,凡神学哲学所应涉及内容他都涉及了。托马斯主义的主要组成部分有:形而上学思想、认识论学说、伦理道德和社会政治思想,这三部分论述的对象虽然不同,但其思想方法即亚里士多德的思辨方法则是一以贯之,交互渗透着,比之以往的经院哲学,单纯强调依靠信仰来认识上帝的奥古斯丁主义则更具有理性色彩。因而,托马斯把经院哲学推向

一个新的发展阶段,并对后来的经院哲学产生了
巨大而深远的影响。实事求是地分析托马斯主
义,我们应该看到,它对推动人类思辨思想的发
展,有一定积极意义。以下就托马斯的哲学形而
上学思想、认识论学说、伦理道德和社会政治思
想做一简要分析评价。

1. 形而上学论

(1)形而上学词源及内涵。

"形而上学"一词源于希腊文,原意是"物理学之后"。古希腊的哲学家亚里士多德一生写了许多著作,但在他生前刊行发表的并不多,他死后遗留大量手稿、讲义,这些著作多年隐藏于地窖,几经转手,错乱不堪。后经安得罗尼克重新整理校勘。安得罗尼克在编辑时把讲自然科学的著作归为一类,称为"物理学",把研究抽象理论的著作归为一类,排在"物理学"后面,因而这一部分也称之为"物理学之后"。我国《易经·系辞》中有"形而上者谓之道,形而下者谓之器"一语。"形而上者"与"物理学之后"意义相近,故我们把"物理学之后"或"后物理学"译为"形而上学"。按照亚里士多德对学术所作的分类,《形而上学》主要研究本体的性质、原因和原理,亦称之为第一哲学。内容包括:关于哲学的性质、对象、范围的论述(卷一、二、三、四、六、十一);对历史上各派哲学的评述(卷一、二、十三、十四);论本体的性质和原理——物质与形式(卷七、八、十二);论本体的运动与变化——潜能与现实(卷九);论一与多的关系(卷十);论不动的推动者(卷十二)。亚里士多德对历史上不同派别的哲学家从泰勒斯到柏拉图都作了较为详尽的分析和评论。他认为,历史上各派哲学家对哲学的发展都有自己的贡献。但总起来看,对世界本原的理解都有局限性,都是片面的和不正确的,特别是都没充分分析事物变化的原因。因此,亚里士多德认为,哲学必须探究世界的本体,而探究世界的本体首先要说明事物变化的原因。他提出著名的"四因说":即质料因、形成因、动力因、目的因。用此"四因"来说明和解释物的本体和变化,并对柏拉图的理念论作详尽的批判,指出他割裂了本体和事物的联系,在事物之外寻找一个独立的理念,并把理念作为万物的原因,这是极为荒谬的。亚里士多德在《形而上学》一书中还着重研究了本体的原理和要素问题,指出,一切可感知本体均由物质和形式构成。一切变化的主体是物质,而事物的个体性则是形式决定的。物质和形式二者的有机统一就构成了具体事物。亚里士多德把可感知的个体事物作为现实存在的本体的观点,具有明显的唯物主义倾向。

亚里士多德在认识论上也提出了超出前人的新观点。他认为感觉的对象是先于感觉存在的,感觉不能产生于主体自身,只有在主体接触感觉对象之后才能建立感觉,这些观点在当时提出确是难能可贵的。

同时亚里士多德还认为,世界的本体有两种,一种是可感知的本体,还有一种不动不变的本体。这种本体本身不运动也不会毁灭,是其他一切事物运动变化的最终原因。他把这种本体也称之为神,是"原始动因"。这些观点又表现了他的唯心主义倾向。

《形而上学》一书还对本体的属性一和多、潜能与现实等之间的关系作辩证的分析,认为可感知的本体则处在永恒的运动和变化之中,辩证法思想在此也有所体现。但他在事物的共性与个性、一般与个别的关系上则是混乱的,反映了他对辩证法的认识和把握的不彻底性。

(2)形而上学的本体论。

托马斯运用亚里士多德的形而上学思辨来为基督教神学服务,提出形而上学的本体论。他曾对形而上学下如下定义:形而上学是研究"作为有的有"的学问,是"撇开物质的观点去讨论一切有之有的和最初的有"①。换句话说,形而上学研究的对象不是客观物质的"存在"或"有",而是抽象掉具体物质的纯粹的、思辨的"有",是一切现实的有的根本原因,这就是有的本体。托马斯以上关于形而上学研究对象——"有"的本体的思想,可以概括为三层意思:第一,这种"有"是最普遍、最广泛、最抽象的,并且摆脱一切有形的物质束缚的纯有;第二,这种"有"是最初的、极限的有,它是有自身而再没有更深刻的原因;第三,这种"有"是其他一切有之为有的最终原因。托马斯是如何论证这些思想的呢?

首先,托马斯说"有"是一切事物的最基本的因素。"有"与"无"是相对的,由于"有"才形成各种事物,如果没"有"事物也就不存在,人们也就无所谓对事物的认识。例如,当人们说这是一棵树、一块石头、一只猫等事物,显而易见这些事物必然是"有",是存在着的,"有"是这些事物基本因素,才成为人们的认识对象。

其次,"有"是人们对事物的第一知识,同时也是人们对事物的最后知识。托马斯认为,作为第一知识,就是关于"有"的认识能力是人类先天所具备的,人们对周围世界一切事物的第一认识就是"有",这是不假思索和毋庸置疑的,"有"的概念是先于人的认识里,关于各种事物形形色色的特性的其他概念而存在,人们对事物特性的认识可多可少,可深可浅,而"有"的概念是完整和全面的,并且包含了其他一切概念。因此,"有是理智首先认识的,而且最明显地认识到的,其他一切概念都包含在这有之中"②。"'有'是理智的第一对象和形式对象。"③

托马斯进一步分析到,人的理智对有的认识是一个过程,人们先有"有"的概念,在分析和研究事物时,把事物的各种特征、个性逐一全

---

① 《亚里士多德〈生灭论〉注释》序言。
② 《论真理》第1题第1条。
③ 《神学大全》第1集,第85题第3条。

部抽象掉,最后剩下的唯一共性就是"有",这是事物的最基本的、最后的因素。先天的"有"的概念与从事物感性经验中抽象得到的"有"有机地统一起来,这时的有既是高度抽象的统一,但又包含了具体的生动丰富的内涵,既是人们获得的第一知识,又是人们分析事物的最后知识。简言之,就是从抽象的"有"出发,经过具体的感性的人,再回到抽象的"有"的过程。因此,形而上学研究"有"的本体,其根本目的就是要揭示"万事万物的本原"和"最高原因"。①

最后,托马斯认为,通过对形而上学本体"有"的分析,可以进一步逻辑地推演出世界万事万物的最终原因。而这个最终原因,只能是上帝。因为世界上的万事万物之所以千差万别,是由于这些事物都有其各自的特性,其本质是相互区别的,而万事万物共相是"有",那么作为共相的"有"与事物的特殊本质就不是一回事,是相互区别的。再则具体事物的存在或有,是暂时的变动不居、易逝的、相对的、有一定条件的,而事物变动不居的原因不可能在其自身,必然也需要外在的原因,原因之外仍有原因。根据因果链条的逻辑推演,必然存在一个终极原因,这个终极原因是绝对的、无限的、永恒不变的"有",世界上万事万物这个终极原因是存在的,是这个终极的"有"决定的。很显然,这个"绝对无限的有"的本质就是它自身的存在,不可能也不需要别的原因。毫无疑问这个"绝对的无限的有",只能是上帝,因为只有上帝的本质就是自身的存在,再没另外的原因。上帝则是一切之有,上帝的有又是世界一切事物存在的本原,一切事物只能依靠上帝才能存在,只能是"有限的有"。对此托马斯又借用柏拉图"分有"理念的理论,他说,世界上的具体事物的"有",即变动不居的有,只是"上帝"绝对永恒的有的"分有",上帝之有渗透在具体事物"分有"之中,具体事物的"分有"体现上帝之有。他形象地比喻说:"如同太阳发射出自己的光照亮

---

① 《反异教徒大全》第 1 卷第 1 章,第 3 卷第 25 章。

了物体那样，上帝的至善向创造物倾注自己的光，这就是对上帝的分有。"①

托马斯的形而上学本体论，实际上就是基督教哲学的神学本体论，他利用亚里士多德的形而上学本体论的学说，以及掺杂一些柏拉图的理念理论，来论证上帝的永恒存在。他首先肯定上帝作为绝对的、无限的"有"存在着，而世界上的一切事物则是这种绝对的、有限的"有"的"分有"。上帝是源，而事物是流，上帝决定和派生了万事万物，是世界的本原。人们通过对事物认识，不断地抽象事物的共相，而最终认识上帝，这就是托马斯的形而上学的分析方法。他直言不讳地宣称，形而上学第一哲学的真正对象是上帝。

(3)形而上学的基本范畴。

托马斯在分析论证了形而上学的本体论之后，仍以亚里士多德的学说为蓝本，进一步展开对事物的分析，提出形而上学关于事物实体与偶性、形式与质料、现实与潜能、本质与存在着的四对基本范畴，以期通过对具体事物范畴的阐述来充实对上帝存在的论证。

①实体与偶性。

关于实体和偶性这一对范畴，是亚里士多德最先提出的。亚里士多德认为，实体的最主要的共同特征或者基本含义是：它是一切东西的主体或基质、基础。实体是客观独立存在的，并自身发展、变化，而不依赖于任何其他东西。从逻辑上说，实体是主词，别的范畴、概念则是宾词，是表述它的，而它并不表述别的东西。这表明他把物质世界看作是真实的、客观存在的，不依赖于人的意识的，或者说物质个体是第一性，而不是精神的，客观物质世界是永恒的，而并非被创造的世界。这无疑是"唯物主义"倾向。当然亚里士多德的唯物主义并不彻底，他在进一步论述实体与"四因论"、"质料和形式"的联系时则认为，

---

① 《彼德·伦巴德〈箴言录〉》第 2 卷序言。

质料与形式以及二者的结合(个体)都是实体,同时又强调形式是最后的最根本的实体,是"现实实体",形式是决定某物成为某物的真正原因。例如,房屋其质料是砖块、石头、泥土、木料等,是由房屋的形式决定这些质料成为房屋,在这里概念的东西(形式)成为第一原因,这就背离了个体是第一实体的朴素的唯物主义观点,而趋向柏拉图的唯心主义。

托马斯在继承亚里士多德形而上学理论时,剔除了亚里士多德关于实体是独立于意识之外而自身存在的唯物主义思想,把其唯心主义成分加以扩大,推向极端。托马斯认为,实体和偶性这两个概念的提出是以客观事物为根据,从现实中推论出来的。任何一个事物都具有实体和偶性,但二者又是相互区别的。那么什么是实体呢? 实体指的是事物不变的本质,是决定事物为此事物的东西或称之为主体,它以自己为根据而存在,不依赖其他事物,但同时作为主体它还有一些其他的属性。简言之,主体独立于属性,而属性不能脱离主体。例如,一个人、一朵花、一座房子,其中"人"、"花"、"房子"这些就是哲学上说的实体,其性质是不变的,同时,"人"有高、矮、胖、瘦,"花"有红、黄、白、蓝等颜色,"房子"有高低不同形状结构,而事物的这些属性则是可变的,必须依附于实体中,事物这些属性托马斯认为就是偶性。

托马斯进一步对实体和偶性的关系进行论证。首先实体和偶性是相互联系、密不可分的。任何一个事物,当我们说它是某物时,也就肯定它是一个实体,是独立存在的。例如说"这是一个人",这个人的存在也就不言自明了,他说:实体"一是定义所指示的事物的本性","二是指主体和个体"①。但实体又有许多属性,我们对实体的认识,又必须通过事物的各种各样属性来完成,即通过偶性来完成。事物偶性

---

① 《神学大全》第 1 集第 29 题第 2 条,第 3 集第 2 题第 6 条;《亚里士多德〈形而上学〉注释》第 10 卷第 3 章第 1979 节。

与实体不同,它不能独立存在,"必须以实体为根据"。它被主体的性质所规定,依附于主体,使主体呈现多样的、生动的、变化的具体形式,如果偶性脱离主体无从存在,例如"白色",总是什么东西是"白"的,花是白色的,羊毛是白的等。因此偶性无法独立存在。从逻辑上说实体是主词,规定事物性质,它所表达的是事物的自身,而偶性是宾词,它是说明主词的,主词也需要宾词来表达和说明。在人们认识事物的过程中可以感知到,没有无实体的偶性,也没有无偶性的实体,二者是紧密相连的。

其次,实体与偶性又是相互区别的。托马斯认为实体是事物的本质,偶性只是事物的属性的表现形式,实体是不变的,偶性是可变的。实体是独立存在的,偶性则是实体所规定并附属于实体的,尤其重要的是人们在认识事物过程中二者的区别更是显而易见的。例如,我们观赏一朵花,看到的只是"圆的"、"粉红的"这些花的性质,而不能撇开"圆的"、"粉红的",直接看实体的花,但通过花的偶性"圆的"、"粉红的",我们又切切实实地感觉花的存在,花的实体是隐藏在其偶性背后的,我们既离不开花的实体去认识没有主体的"圆的"、"粉红的",也离不开"圆的"、"粉红的"这些花的性质,而直接去认识主体的花。认识一切事物均是如此。按照形而上学推论,理智把握的对象是实体,感觉涉及的对象是偶性。

最后,托马斯在论述实体与偶性关系时,其基本的前提是世界是被创造的,而不是自有的,世界上一切事物的实体都是被动的和有限的,都受一个无限的、永恒的和自身独立存在的实体所创造、支配和决定着,这就是上帝。这是他神学哲学的必然结论。托马斯虽然在对实体和偶性关系的分析上,也提出人们的认识从感性经验开始,而后再上升到理智的实体即事物的本质;同时还看到了感性经验和抽象本质的联系和区别,但最终要证明通过个别、有限的实体去体验普遍的、无限的、万能的实体存在,并且在他的一系列论证之前,就预先有明确结论、目的指向，这就是神学目的论。

②形式与质料。

由于现实世界的事物无限多样，并且处在无穷的变化之中，一些事物消失毁灭了，一些事物又产生了，万事万物不断地生成死亡。如何说明无限多样且不断变化的现实世界与上帝关系，托马斯仍然是采纳亚里士多德"形而上学"理论中关于物体组成的"双重原理"即"形质论"。并对亚里士多德的"形质论"作了新的阐释和发挥。托马斯的主要论点有：

托马斯认为世界上的一切具体事物都是由形式和质料结合而构成的。所谓形式是决定现实事物性质的因素。质料是构成现实事物所规定的具体材料内容，它只是被动地接受形式的规范，因而具有潜在的效能。世界上万事万物都是由形式和质料二者结合才成为可能的和现实的，两者关系是，形式是主动积极的，决定着质料成为一种事物或它种事物，事物的性质是由形式内在规定的。质料只能是消极被动地接受形式的规定，没有形式的规定，质料是无性质的潜在因素。例如，一张桌子这个具体事物，桌子的形态上是圆的、方的、长的，其功能是书桌还是餐桌，这些都是由桌子的形式所决定的，形式与做成桌的材料相组合才具有了现实的桌子。

由于现实事物的无穷多样性，并且处于不断运动变化之中，交织着新事物的产生和旧事物的灭亡，旧事物的毁灭并不是构成这一事物的物质也消失得无影无踪，只是事物的质料又转化成另一形式事物的质料。对于现实世界这一现象，托马斯又进一步加以论证。他吸取了亚里士多德关于形式和质料具有多层次的理论，并作了些改造。亚里士多德在其著作《形而上学》中，论述形式和质料的层次原理，他认为现实事物由形式和质料组成，不同的事物由不同层次的形式和质料组成。例如，房屋是由房屋的形式、图样与砖瓦、木料这些质料结合而成，而砖瓦、木料又是由砖瓦、木料的形式与泥土、石头、树木等质料组合而成。也就是说,质料的后面还有质料,可以一直推到没任何规定性的纯质料,他又称之为原始的第一质料;形式也是如此,形式后面还有形式,依次类推到最后是纯形式即最高形式,这个最高形式是不具有任何潜能即不可能再转化的绝对完全的形式,甚至可以归结为神。但亚里士多德是摇摆于唯物主义与唯心主义之间的哲学家,他同时强调,在研究一个具体事物时,无需去探索最高形式和原始质料,而只要去认识这个具体事物最直接的质料和它的特殊形式就足够了。亚里士多德甚至还认为,形式和质料是统一的具体事物的两个方面,在研究具体事物时,不能把这两个方面分割开来,二者的区别只是在具体事物中的表现方式不同,才有了现实与潜能的区分。由此可以看出,亚里士多德实际上是在某种程度上承认事物多样性和内在统一性以及事物运动变化的自身原因。

托马斯在亚里士多德的形式与质料层次理论基础上提出"实体形式"和"第一质料"学说。实体形式是事物性质特征的规定性因素,即它不仅规定具体事物的外表形状特征,更重要的是还规定事物内在性质,例如,一棵树、一幢房子、一只狗,它们之所以各有自身不同的性质及表现方式,全都是由实体形式决定的,因此,实体形式必然是高度抽象的纯粹形式。关于质料,托马斯认为有两类,一类是人们可以看得见摸得着的或用物理和化学方法来分析、分解的物质结构形态,包括砖瓦、棉花、粮食等所有人造的、自然的、业已成型的物质。这类质料称为第二质料。另外还有一类尚未规定毫无形状的质料,也称为第一质料。第一质料是纯粹的原始质料,是构成一切事物的基本因素,具体的事物会变化消失,而第一质料则不会消亡,又转化为其他事物的质料。托马斯说:"在事物的生成毁灭的过程中一定有所连续性,而第一质料就是连续的因素。"①一切事物都是由实体形式与质料组合而成,组合的事物都不可能是完美的,都必然包含着现实与潜能,而在不甚完美的现实之外必定有一个至善至美的形式,它是一切事物成为现实的最终原因,这个纯粹的形式就是上帝。由此可见,托马斯与亚里士多德各自的形式质料层次说,有着很大区别。托马斯运用形而上学的思辨方法,着重探究的是最终的纯形式、纯现实,即上帝的存在,以及它是一切实体形式与质料相结合的事物的最终原因。

那么现实世界事物的多样性又是怎样由形式与质料所决定呢?托马斯认为世界上有多种多样的事物,有种与属的区别,并且在同一种和同一属之间也有差别。例如,人与动物有区别,而每一个人与其他人也是不同的。而种与属的区别是由不同的实体形式所决定,同一种和属有相同的实体形式。例如,苏格拉底和柏拉图都是人,就是因为他们有共同实体形式,一切人都是如此。在这里托马斯一再强调他所说共同的实体形式是真实而实在的,而不同于奥古斯丁所说的有一个抽象的"普遍东西",这实际上是对柏拉图"理念"论的一种委婉的抵制和批判。同种或同属事物之间的个体化的差别不是由实体形式所决定,而是质料决定的。但托马斯又断言,决定事物个体化的差别不是由未定型的纯质料即第一质料所决定,而是由已定型的第二质料所决定。他说:"质料是有形事物个体化的因素了。"②托马斯这种质料决定人的个体化观点,似乎有违基督教关于灵魂决定肉体的神圣教义,但他认为自己是虔诚的基督教徒、宗教教义的卫道士,忠实地信仰灵魂不死教义。只是在论证宗教的方法上,做了一些顺应时代发展的调整,以便让世人更容易接受罢了。在对灵魂和肉体关系上,他说,人人都有相同的实体形式——灵魂,但是,"灵魂当初犹如一块蜡版,上面

---

① 《神学大全》第1集第66题第2条;《亚里士多德〈形而上学〉注释》第12卷第2章,第2429—2430页。

② 《反异教徒大全》第2卷,第39、81章。

什么也没有写"①,由于它和不同的质料相结合才造就了不同个体的人。

托马斯关于形式和质料的理论,客观地说具有两重性。一方面与其他基督教哲学一样坚持上帝的存在,灵魂决定物质肉体,另一方面他也不完全忽视和否认物质作用,甚至肯定质料是事物个性化的决定性因素。从某种意义上说这是基督教哲学一次大胆变革。当然这种变革并没有突破宗教哲学樊篱,他只是想寻找一条折中主义的道路,以便更好地为宗教神学自圆其说。因而被后人称之为温和的实在论者。

③现实与潜能。

在托马斯宗教哲学体系中,现实与潜能是一对极为重要的范畴,他对现实与潜能作了大量的分析论证。如果说形式和质料只是证明了世界具体、有形事物存在的原因,而现实与潜能的功能则是证明一切有形的和无形的无限事物的存在、转化的原因,因而相比之下具有更为广泛的、普遍的意义。

托马斯认为现实的基本含义是指已经确定的、完成的实际过程。例如,皮革匠以及他所完成一件皮革制品、医生以及他给患者治病过程的完成、雕塑家完成一个艺术作品等,这都是现实。潜能的基本含义是相对于尚未完成的现实来说,具有一种还没发挥出来的、潜在的能力。例如,皮革匠有制皮革产品的能力、医生会治病、雕塑家能创造艺术品,而不论他们现在是否正在干自己的工作。

人们在研究具体事物过程中,可以发现任何具体事物都是现实与潜能的结合,两者的存在都是客观的。例如,泥土是现实存在,经过烧制成为砖瓦、瓷器,泥土就由潜能进一步转化为现实,使事物由一种存在发展为另一种存在,潜能本身既不是一种存在,但又不是绝对的无,

---

① 《神学大全》第1集第79题第2条,第1集第84题第3条。

而只是未形成的现实,在具备了一定的条件后,就可以转变为现实,现实则是完成的潜能。简言之,潜能表示事物变化的起点,"它的终点才是现实"①。

现实与潜能的关系是现实先于潜能,现实决定潜能。从人们直观的过程看事物的发展,似乎潜能先于现实,例如,水在一定条件下可以变热、蒸发成水蒸气,也可以变冷、冻结成冰,从事物发展结果来看,潜在能力是先于现实的。托马斯认为其实不然。他说,某一事物之所以具有某种潜能是现实决定的,例如水转化为蒸汽或冰,它的前提是现实的水,这一事物的性质决定了它具备的潜能,反之另一现实,则是具备其他的潜能。再则从潜能转化的结果来看,现实作为潜能的结果,总是优于潜能,是一种不断完善的过程。例如,一个无知的儿童,经过培养教育,可以成为有知识的人,儿童具有成为有知识的人的潜能,但如不释放潜能,转变为现实,仍然是无知的。现实的有知识的人与无知的儿童相比较,有知识的人是更加完善和确定的。其他事物可以依此类比,所以现实优先于潜能,决定潜能。总之,"凡是潜在的东西,除非依靠现实的东西,否则不可能变为现实"。而现实却不同,现实不需要依赖潜能来展示和表达,现实本身就明确肯定实际的存在。所以,现实先于潜能。现实与潜能的关系是现实在先,潜能在后,现实是潜能的前提和根据。

为进一步说明现实先于潜能,托马斯提出"纯粹的现实"(Actus purus)和"复合的现实"(Actus mixtus)两个概念,并加以论证。所谓"纯粹的现实",就是指不包含任何潜能或可能性的绝对现实。绝对现实具有最终意义完整性和确定性。所谓"复合现实"是指现实本身还包含着潜能,具有发展变化的内在可能性,它的存在是相对的、有条件的,这种发展变化的趋势需要其他外在的现实作为根据和条件,才能

① 《神学大全》第2集上册,第55题第1条。

转化为新的现实。托马斯认为，任何具体事物都是现实和潜能混合的存在，或者说具体事物都包含着现实和潜能两个方面，一方面它是确定的现实，另一方面又因为包含潜能而发展为另一个现实。前一个现实是后一个现实的原因，后一个现实是前一个现实的结果。例如，果树的种子包含着生长发育为果树植株的潜能，当果树生长出来成为现实，又包含着结出果实的潜能，果实成熟潜能又转化为新的现实。如此等等。这些复合现实可以不断推演，但又不能无穷推演，最后，必然要归结到一个没有潜能的、纯粹的现实，这个现实是自身存在的，是一切复合现实的最终原因、第一推动者。只有它才能说明一切，它自身却没有原因和潜能。这个纯粹现实只能是上帝。上帝不是组合的，它是永恒的唯一。

托马斯关于现实和潜能的论述基本上沿袭了亚里士多德的学说。以至现代经院哲学者也认为"托马斯对这位希腊哲学家的思想确有非常深刻的研究"。但是我们应当指出，两人在关于现实与潜能关系理解上存在极大的差别。亚里士多德论证现实与潜能的关系时，一方面强调了二者之间相互转化，蕴含了可贵的唯物辩证法思想，另一方面他也提出了第一推动者及最终原因，这为上帝的存在留下了思辨的空间。这表明亚里士多德哲学体系交织着唯物主义辩证法和唯心主义的矛盾。而托马斯则运用现实与潜能转化的观点，作为推演上帝存在的证明，抓住第一推动者和最终原因的观点，充分加以发挥来说明上帝就是世间万事万物不同存在方式相互转换的源泉和动力。

④本质与存在。

托马斯认为要确立上帝的永恒性、唯一性（原初性）和自在性，还必须运用形而上学的思辨方法，论证和阐释本质和存在的范畴。

关于本质和存在这对概念，在托马斯以前的许多哲学家都有过论述。基本上可以分为两种意见，一种意见是以柏拉图理念为前提的观点，认为一个实体存在之前首先要有本质，强调形式决定实体，本质先于存在。另一种意见是以亚里士多德实体论为根据,认为存在先于本质,优于本质。托马斯创造性地发挥了亚里士多德的思想,抵制和扭转了形而上学中柏拉图的倾向,应该说这对宗教哲学有所创新。

托马斯认为本质就是回答"一个对象是什么东西",或"本质就是定义所指示的东西"。为了便于人们的理解,他举例说:"例如在人的定义中包括的是人性",而"人之所以为人的,就是指人性"。也就是说人的本质就是人性,这样本质的基本含义也就清楚了,决定一个事物之所以成为某事物的,就是该事物的本质。

同时在理解本质时,还要注意,本质是事物的质料和形式共同组合而成的。如前所述,一切自然物都是质料和形式结合,事物的本质就不仅仅是质料或形式单独一个因素所组成。他说:"本质就是指质料与形式所组成的东西",就实体来说,"本质不仅仅指质料,也不仅仅指形式,而是指由质料与形式共同组成的东西。"①在这里,托马斯强调本质是由质料与形式共同构成的思想,其用意是十分明显的,主要是针对以柏拉图理念为基础的奥古斯丁宗教哲学。当时法兰西斯教派坚持奥古斯丁的主张,认为形式可以脱离质料,事物的本质是由形式决定的,本质先于存在,而人的灵魂是一个独立的实体,人的本性完全是灵魂规定的,人的本质完全在于灵魂。而托马斯则一反传统宗教哲学,他认为,奥古斯丁关于本质和灵魂的论证,过于牵强,尽管他本人与柏拉图哲学、奥古斯丁一样都承认灵魂的存在,但是,灵魂单独不构成实体,灵魂与肉体相结合才组成一个统一的实体,所以人的本质是由灵魂与肉体二者共同组成的,"实体即本质"这是简明结论。这一观点还可以理解为,人是灵魂和肉体有机统一的人的本性,那么也就是精神与物质的统一才构成了人的本质。物质的肉体与精神、灵魂作用等量齐观,这一观点对于以往的宗教哲学来说,有一定的积极进步意义。

---

① 《论实有与本质》第 2 章;《神学大全》第 1 集第 3 题第 3 条,第 29 题第 2 条。

那么什么是存在,存在是相对本质而言的。托马斯说"存在"的意义来自动词"是"(est)。"'是'本身的意义并不指一个事物的存在……它首先表示被感知的现实性的绝对状态,因为'是'的纯粹意义是'在行动',因而才表现出动词形态。'是'动词主要意义表示的现实性是任何形式的共同现实性,不管它们是本质的,还是偶然的。"①在这里"存在"的本来意义指活动本身,它赋予一切事物现实性,而不是特指某一个或某一类事物,存在的自身不是指具体事物的存在,那么存在自身指的是什么呢?只能是上帝。因为,"上帝是全部的现实性,就其自身而言,他不是掺杂潜在性的纯活动,就其与实现的事物关系而言,他是他们的缘由"②。这是托马斯对存在基本含义的解释。

就存在与本质二者的关系来看,二者是既相互联系又相互区别的。

托马斯认为二者的联系表现在存在是本质的现实。他说:"例如善和人性等,除非先说他们是有的,否则无法指示实际中的善和人性。"所以存在使本质得以实现,"存在说明一种现实。因为所谓某东西的存在,不是因为它事实上处于潜在状态,而是因为它事实上处于现实状态"③。在具体事物中,存在与本质的关系犹如现实与潜能的关系,存在如同现实,本质如同潜能,存在又为本质具体化。就一个具体事物来说,本质由于存在而体现,存在又为本质所"接受"和"限制"。在现实中,人们无法找到任何一个脱离本质的存在,或者脱离存在的独立的单纯的本质,本质无非是一个存在区别于其他存在的东西,凡是存在的,又一定是一种本质的存在。例如,一个人作为实体存在,他必然包含人的本性,如若没有人的本性,也就不再成其为人,而人的本

---

① On Spiritual Creatures.trans.by M.G Fitzpatrick and J.J.Wellmuth.Milwaukee.1949. PP.52－53.(转引自《基督教哲学 1500 年》,第 375 页。)

② 《论上帝力量》第 3 题第 1 条。

③ 《神学大全》第 1 集第 3 题第 4 条,第 39 题第 2 条。

性也就是人的本质规定性,而区别于其他动物。总之,在现实实体中,存在与本质是不可分离的。托马斯概括说:本质是规定其实际的存在为这样或那样的东西,存在是实现其本质,自然界中"一切由质料与形式组成的东西",实际上也就是"本质与存在的结合"①。在现实事物中,存在与本质是绝对不可分割的。

托马斯又认为存在与本质又是有"实际区别"的,本质是形而上学思辨方法对实体的抽象概括,例如我们说人性具有真、善、美的本质,就是对人性的抽象概括。没有对实体本质的抽象概括,就不能认识和理解实体。而存在则不同,我们可以认识到实体的存在,但不一定对实体的本质已经理解,或者对实体没有存在的概念,只有本质的概念,仍然可以理解实体。因此,存在不能等同本质,本质也不等同存在。同时托马斯又认为,实现实体的存在其本质都是有缺陷、不完善的,而在最高的存在——上帝那里,则本质就是存在,因为上帝是绝对的、纯粹的有,它的本质又是至善的,存在与本质完全融合为一体。

关于存在与本质的关系,托马斯还有一个重要的思想,就是存在高于、优于和先于本质。托马斯把亚里士多德关于现实与潜能的关系学说、存在与本质的关系、任何事物及本质在未获得存在之前都只是一种潜在、一种可能性,存在的基本特征在于它的现实性,它是使潜在转变为现实的活动。他说:"存在表示某种活动,因为一事物并不因潜在而被称作存在,它的存在基于它在活动这一事实。"②本质必须依赖存在,没有存在,本质无所依托,无所承担,也就没有本质。托马斯说:"事物的任何卓越性都是存在的卓越性;假如没有人的实际智慧,就不会有智慧的美德,同理也不会有其他美德。"③在实体中尽管存在与本质是相联系的,但存在的活动是自主的,其原因在于自身,而不取决于

---

① 《神学大全》第 1 集第 50 题第 2 条。
② 《反异教徒大全》第 1 卷第 22、28 题。
③ 《反异教徒大全》第 1 卷第 22、28 题。

本质,相反是存在决定本质。他说:"存在无所不在。当一个人产生时,首先出现的是存在,其次是生命,再次是人性,他在成为人之前首先是动物。依此后推,他首先失去理性,但生命和气息留存,然后他失去这些,但存在仍留。"①他批判了把存在当作实体可有可无的偶性的观点,本质先于存在、决定存在的观点。他指出,以往宗教哲学对存在的理解是错误的,即认为"存在如同原始质料一样是最不完善的,因此,正如原始质料可被任何一种形式所规定,存在因为它的不完善性,可以被一切谓项表述的性质所规定"。对这一观点,托马斯持完全否定的态度,他尖锐地指出:"我在这里把存在理解为最高的完善性,因为活动总比潜在完善。形式若无具体存在,将不会被理解为任何现实的东西……显然,我们在这里所理解的存在是一切活动上的现实性,因此是一切完善的完善性。"②托马斯一反传统哲学中存在与本质的关系,鲜明提出存在决定本质,以一种存在主义代替本质主义。无怪乎后来一些哲学家称托马斯是存在主义的开山鼻祖。吉尔松是这样评价托马斯的,他说:"作为一种哲学,托马斯主义实质上是一种形而上学,他对第一原则,即存在的解释是形而上学历史上的一场革命。"③尽管这一评价有溢美成分,但还是中肯的。

---

① 《论原因》第 10 章第 1 节。
② 《论上帝的力量》第 7 题第 2 条。
③ 赵敦华:《基督教哲学 1500 年》,人民出版社 1994 年版,第 381 页。

2. 认 识 论

作为宗教哲学家,托马斯认为上帝是万物之源、万物之本,上帝无所不在、无所不能,人们可以通过对实体本质特性的认识,而最终认识上帝的存在,因而十分注重对人的认识能力、认识过程、认识对象的研究。

(1)中间道路的认识论。

在托马斯所处的历史时期,由于社会政治、经济、科学文化、生产力的发展,宗教哲学内部也包含各种不同思想的冲突与碰撞,传统的奥古斯丁学说受到了怀疑和挑战。同时,亚里士多德的哲学思想得到广泛的传播,甚至成为一种时尚,其影响也悄然渗透到宗教哲学内部。在认识论问题上,托马斯分析总结了历史上各个派别的理论,他认为有3种基本的观点:第一种观点是以德谟克利特为代表的影像论,他说:"德谟克利特的主张是我们的一切知识无非起源于影像。这影像是我们所思考的物体中产生的,并伸入到我们的灵魂中。"托马斯对此观点持否定态度,他借用亚里士多德的思想进行分析,指出按德谟克利特的意见,我们的"知识是由影像或影像的流射形成的,可是这种主张正如亚里士多德在《灵魂论》第二卷中所指出的,乃是由于德谟克利特本人同古代的自然科学家一样,没有把理智和感觉区别开来,所以当感觉受到感性事物的变化而发生变化时,他们便认为,我们的一切知识都只能由于感性事物的变化而形成的。于是德谟克利特断言,这种变化,是由影像的流射而出现的"①。

第二种观点是柏拉图理念论的认识。托马斯说,"柏拉图却相反地主张,理智不同于感觉,理智是一种非物质的能力,它的活动无须依赖肉体的器官。因为无形的东西不可能由于有形的东西而变化。所以,他主张理性知识不是由于理智接受感性事物而形成的,而是由于分有了个别的理智形式"。"所以,按照柏拉图的意见,理性知识并非来自感性。"②托马斯认为,柏拉图完全排除了感性事物在认识发生过程中的作用,知识可以从理念中分有而获得,这是令人难以理解和接受的。

第三种是亚里士多德的认识论观点。亚里士多德认为上述两种观点都不正确,但又都有可取的合理方面。"亚里士多德同意柏拉图把理智和感觉分开来,但是同时他主张,感觉如果没有肉体的合作,自身不会有所活动的,因为感觉活动不仅仅是灵魂的活动,而且是一种组合的活动。"亚里士多德还认为:"感官的任何活动,无不如此。""在这一点上,亚里士多德曾赞同德谟克利特的意见,灵魂之外的感性事物对组合体产生某种影响,各种感官的活动是由于感性事物影响感觉而引起的。"但是亚里士多德又指出,仅仅依靠灵魂之外感性事物对人的感官的刺激,就能够完成所有的认识,这也是不合适的,在人的认识过程中,应该还有另外一种活动,这种活动称之为"理智的活动"。亚里士多德认为,理智活动是不受肉体感官限制的,因为"没有一种有形的东西能给无形的东西造成印象",这就需要寻找一种更高级活动形式,即理智活动,才能产生无形的抽象的印象。对此,托马斯又进一步指出亚里士多德与柏拉图的区别,他说:"它又并不如柏拉图所说的,理智活动仅仅依靠某些高级的东西造成印象,而是依靠一种更高级的

---

① 《神学大全》第 1 集第 84 题第 63 条、第 6 条。
② 《神学大全》第 1 集第 84 题第 63 条、第 6 条。

和更高贵的主动的东西。我们称之为主动的理智,它是通过一种抽象的方法,把感觉接受的映像变为现实。"虽说在认识的产生过程中,外在的感性事物是触发人的感觉的前提,但是"决不能说感性认识是理性认识的总的原因或全部原因,认识的最终形成还有赖于主动的理智"。

综上所述,以上三种观点,第一种观点,片面强调感性事物对感觉的作用,而不了解理性认识的作用,陷入极端的感觉论的错误;第二种观点,忽视和否认感性事物对感觉的作用,而片面强调无形的理性作用,最终导向极端的理性主义,这两种观点,托马斯认为都是不足取的。而第三种观点亚里士多德的既承认感觉印象来源于感性事物,又肯定理性抽象的积极的能动作用,对认识发展的分析是较符合实际的。托马斯十分推崇亚里士多德的观点,称这种观点为"中间道路",他吸取亚里士多德的观点,并在此基础上加以发挥和创造,构建基督教哲学的新认识论。

(2)感性认识。

在分析托马斯的认识论之前,有必要简略分析一下托马斯关于灵魂和肉体的关系。因为托马斯认为,人是认识的主体,如何理解人的灵魂和肉体的关系,直接影响到对人的认识整个过程的理解。

托马斯反对奥古斯丁主义关于人是由两个实体组成的观点。奥古斯丁主义认为,人是由一个完满的灵魂实体和一个偶然的肉体实体组合而成。托马斯断言,人是由灵魂(精神)与肉体(物质)组成一个统一的实体,而绝不是两个实体。灵魂和肉体不可分离,人不仅要有灵魂,而且要有肉体,两者共同构成人的本质,成为现实的活生生的人。如果灵魂没有肉体,好比人们说的鬼怪,而不是人;如果肉体没有灵魂,也就失去生命,只能是一堆物体,而不是严格意义上的人的肉体,它将腐烂。同时,灵魂和肉体在统一的实体中的性质和作用又有所不同,灵魂是规定性的部分,肉体是被规定性的部分,灵魂对于肉体来说,就像形式对于质料。"灵魂就是使肉体成为一个人的肉体的那种东西。"①灵魂有两个作用,一是赋予肉体以形式,二是控制和推动肉体。肉体也不是纯粹消极被动的,作为质料,肉体是灵魂个体化的原则,它赋予灵魂以个性,为灵魂的活动提供器官和条件。托马斯还反对阿威洛伊学派关于所有的人都共有一个理智灵魂的说法,认为"不存在共同理智灵魂,灵魂是个体化的,每一个人都有自己的灵魂,个别的灵魂和个别的肉体的结合,构成了独立的个体生命和每个人的独特的活动方式。当然每个人的灵魂又都是全能的上帝创造。总之在现实生活中,灵魂不能没有肉体,肉体不能没有灵魂。它们二者结合在一起,共同活动,才显示出人的本质和能力。一言以蔽之,作为一个人,只能是一个统一的实体,灵魂与肉体虽有区别,但只要是人,则不应该而且也不可能分开,人在其现实情况中,始终表现为一个完整的实体"②。尽管托马斯认为灵魂是上帝创造的,但他关于灵魂与肉体的关系中,充分肯定了灵魂不能离开肉体单独存在,而是和物质肉体共同构成人一切活动的基础,这就为揭示人的认识活动奠定了合理性的基础。

正是基于上述关于灵魂与肉体关系的思想,托马斯提出了自己新颖的认识论。

托马斯首先强调人的肉体器官在理智灵魂认识活动中的作用,也就是说理智灵魂的活动必须有肉体器官参与才能完成,他说,作为一个具有理智灵魂的人,"不仅必须具备有理智的认识能力,而且必须具有感觉能力。而感觉不能没有肉体的工具"③。进而他又肯定了感性认识在整个认识过程中的地位。他指出:"我们的理智不能对个别的、有质料的对象获得直接的和第一性的认识,其原因在于有质料的对象

① 《神学大全》第 1 集第 76 题第 1、7、8 条。
② 《神学大全》第 1 集第 76 题第 1、4—8 条,第 90 题第 4 条第 76 题第 5 条。

的个体化原则是个别的质料,而我们的理智只有通过从这样的质料中抽象出观念才能进行理解。但从个别的质料中抽象出来的则是共相的东西,因此我们的理智不能够直接认识任何非共相的东西。"①因此,感性认识是理性认识的基础,理性认识必须以感性经验为开端。

托马斯把人的感觉分为两类,一是外部感觉,它包括听觉、视觉、嗅觉、味觉、触觉五种。二是内部感觉,它包括综合感、想象、辨别、记忆等四种。

外部感觉是按感官和感觉对象的结合作区分的,每一种感觉都是感知的外部物体的不同形式。人们对外部世界的感知,最初都来自于外部感觉。例如,眼睛接受光的刺激,产生颜色、形状;耳朵听声音;鼻子闻气味;舌头尝滋味;人的全身体表面能接触客观对象,可产生如温度、重量、运动、疼痛等多种复杂的感觉,认识感觉对象的多种属性。因此,托马斯认为亚里士多德关于触觉在五种感觉中是最为重要的、优于其他的外部感觉的观点是对的。

感觉器官有感知外部事物的能力,但感觉的产生必须有外部事物即感觉对象刺激相应的感官才能产生,例如,光只刺激眼睛,产生颜色感觉,光不能刺激耳朵、鼻子等感官。托马斯称这种一定对象刺激一定的感官为"固有对象"。同时,托马斯指出,也有一些对象同时刺激若干感官,例如,物体的大小、数目、形状、动静,可以同时刺激触觉和视觉,对于这类对象,他称之为"共同对象"。关于外部感觉的这些特征,托马斯主要是承袭了亚里士多德的观点,而这些观点都是符合客观实际的。人们通过感官所获得的外部感觉,是人的认识的第一步,这些感觉是简单的、肤浅的,感性认识还有待于进一步深化,这时外部感觉就要向内部感觉转化、提高。内部感觉主动地对外部感觉获得的关于事物的印象进行再认识,使人们获得对事物更加全面的综合认识。

---

① 《神学大全》第1集第86题第1条。

内部感觉,首先是综合感,它把不同感官获得的关于外部事物的各种感觉汇总成一个统一的印象。托马斯说:"综合感的对象,就是视觉和听觉等感受到的感性事物,因而综合感虽是一种能力,但是能伸展到五官的各个对象。"①可以说综合感是各种感觉的"中间媒介",又是一个"独特的感官",为此,托马斯认为综合感优于其他一切外部感觉器官。

其次是辨别。是把所感知的对象与自身联系起来评估它的利弊,如辨别好坏、分清敌友等。辨别这种感觉人与动物都具有。例如,动物出于自我保护的本能,也会趋利避害,像辨别食物、遇到危险立刻逃跑等行为。但动物这种辨别能力与人的辨别有本质意义上的差别,人除了像动物一样能辨别简单的与自己的利害关系,还能辨别高尚、卑劣、美与丑等复杂的外部关系,这是人所特有的感觉能力。

再次是想象,它是最重要的内部感觉。想象把感觉印象进行初步的抽象,对感觉印象进行分析和综合,重新加以合理的组合。托马斯认为想象是思想的初级阶段:"想象是我们知识的一个原则,我理智活动在这里开始,想象不是开始刺激,而是持久的基础。"②只有通过想象把感觉中直接反映外部事物的感觉形式进行加工整理,形成感性基础,理智才有可能进一步抽象出事物的本质。

最后是记忆。把外部和内部感觉中的印象都贮存起来,使之不因为当感觉的消失而消失,它把过去接受的感觉印象随时重新浮现在脑中。人和动物都有记忆,但人的记忆比动物的更为高级。托马斯说:"在记忆方面,人不仅具有像其他动物那样突然想起往事的回忆,而且还有根据个人意图具有像三段论推理那样探究往事的回忆。"③记忆是保证思维连续性的特殊的内部感觉。至此,内部感觉也就基本完成了。

---

① 《神学大全》第 1 集第 1 题第 3 条。
② 《波埃修论三位一体》第 6 题第 2 条。
③ 《神学大全》第 1 集第 78 题第 4 条,第 91 题第 3 条。

经过以上分析我们可以把托马斯关于整个感性认识发生、形成过程简要描述如下：首先由客观对象刺激人的感觉器官，产生外部感觉，外部感觉是物质的印象，而后向内部感觉转化，内部感觉通过综合感、辨别、想象、记忆形成完整的感性印象，感性认识也就形成了。对于感性认识过程中，把它分为外部被动的感觉和主动的内部感觉两阶段，托马斯作了说明，他认为，人在实际认识过程中，不能机械地把这两个阶段从时间上分出先后顺序，另外也不能把"感性印象"形成简单地归结某一个阶段，感性印象是由于感觉受到客观刺激和感觉自身的功能共同活动、共同完成的。也就是说感性印象形成既有物质的生理因素的作用，同时又有心理的精神作用，二者相辅相成。因此，不能把感性认识的两个阶段截然分开，而只能是在理性思辨中对两个阶段加以区分。

托马斯高度评价感觉对于知识的作用。他说："人被赋予感觉，不仅是为了获得生活必需品，如同其他动物那样，而且是为了知识自身的目的。"① 他还说："只有当感觉健全、精确时，心灵才能自由驰骋。"② 他的这些思想被人们概括为一句名言：理智之中没有不被感觉先行知道的东西。应该说托马斯这些思想在当时是难能可贵的，并具有批判性的革命意义，他的斗争锋芒直接指向当时在宗教哲学中占统治地位的柏拉图的理念论。柏拉图认为人的观念完全是天赋的，人的灵魂充满了理念，只是因为被肉体的污染才遗忘了已有的理念。而托马斯则认为只有灵魂和肉体的结合，才能产生认识。事实告诉我们，缺少一种感觉就不会有相应的一种观念，如盲人没有颜色的观念，如果关于颜色的观念是天赋的，那么就不会依赖感觉了。"结论因此是：灵魂并不通过天赋理念认识有形事物。"③

---

① 《神学大全》第 1 集第 78 题第 4 条，第 91 题第 3 条。
② 《神学纲要》第 82 章。
③ 《神学大全》第 1 集第 84 题第 3 条，第 85 题第 1 条。

托马斯认为"感性印象"形成,只是感性认识完成,但这还不是真正的知识。"感性印象虽然包含有精神的活动,但毕竟是具体的和个别的,尚未脱离时间空间等具体条件的限制。作为普遍的知识,有待于理智去抽象。"①同时,托马斯还认为,知识开始于感觉,感觉是知识的一个来源,但不是唯一的来源,人的灵魂的理智活动同样也是知识的一个来源。下面我们就来看看托马斯是如何论述灵魂理智的功能,也就理性的抽象认识的。

(3)理性认识。

人的整个认识包括感性认识和理性认识两个阶段,感性认识的完成并没有终结整个认识过程,感性认识还要发展,延伸到理性认识。因为,感性认识只不过是个别的、特殊的认识,而真正的认识应该是普遍的认识,而感性认识升华到理性认识的活动是由理智来完成的。

托马斯认为,在感性认识向理性认识过渡存在一个十分重要的中间环节,他把这个中间环节称之为"映像"。那么,什么是"映像"呢?他说:"正如感官没有感性对象不可能有所感觉那样,理智灵魂没有映像不可能有所认识。"②他还说:"谁都在其自身会有这样的经验:当他想认识一样东西时,就给自己组织一些映像作为实例,使他好像看到他所想认识的东西似的。所以,我们要一个人认识一样东西的时候,我们也举一些实例给他,使他能够从这些实例中,给自己形成一些映像,以便认识。"③在谈到映像和理性活动的关系时,他还断言:"映像是我们的认识来源,我们的理智活动就是从它那里开始的,它不仅仅是一个转瞬即逝的刺激,而且是理智活动的一个持久的基础。"④人的理智活动能力,尽管它是上帝赋予的认识能力,无论它多么抽象,仍然离

① 《神学大全》第 1 集第 84 题第 3 条,第 85 题第 1 条。
② 《亚里士多德〈灵魂论〉注释》第 3 卷第 12 章第 772 节,第 13 章第 791 节。
③ 《神学大全》第 1 集第 84 题第 7 条。
④ 《鲍埃蒂〈三位一体论〉注释》第 6 题第 2 条。

不开映像。对此,托马斯又说:"在我们现实的生活中,我们的知识无论它们是多么的精神性,必然常常伴随着映像。因为即使上帝,我们也是通过其创造的成果的映像来认识的。"①以上我们之所以不厌其烦地大量引述托马斯关于映像的论述,旨在说明托马斯是何等重视映像在感性认识向理性认识升华中的作用的,这个中间环节是十分关键、不可或缺的。

那么,什么是映像呢?托马斯认为,映像就是感性印象被内部感觉分析综合之后保留在想象中的一种与现实相吻合的图像。它为理性认识提供了基础。映像的特征仍然具有物质性,是对感觉器官反映具体事物的直接综合,它还是个别的具体,不是事物抽象的普遍本质反映。这就需要理智活动对映像进行抽象概括,以获取普遍的本质认识。

托马斯根据亚里士多德关于灵魂的理论,把理智分为主动理智和被动理智。在感性认识阶段先期的外部感觉是被动的,而后内部感觉则是主动的。在理性认识阶段则相反,先产生作用的是主动理智,而后才进入被动理智。

理性认识与感性认识的本质区别在于,感性认识是以直观、外部形式反映认识对象,而理性认识则是对感性认识进行"抽象活动",从个别的具体对象中概括出事物的普遍本质。理智活动的过程,首先是主动理智对感性印象所提供的映像进行"照耀"。托马斯说:"由于主动理智的照明,人们立即现实地认识到那自然地被认识的对象的第一原则。"②也就是说通过主动理智的抽象活动,把隐藏在映像内部关于认识对象的普遍本质的内容显现出来,为进一步形成概念提供基础。而这种普遍本质的内容,因为撇开了具体事物个性特征,只能由理智

---

① 《论恶》第 16 题第 8 条;《神学大全》第 1 集第 12 题第 12 条。
② 《亚里士多德〈灵魂论〉注释》第 2 卷第 12 章第 372 节。

自身去理解,简言之,理智活动具备这种功能,也是理智活动的任务。托马斯说:"我们是以我们称之为'主动的理智'的更高贵的主动力,采用抽象的方法,把从各种感觉所接受的映像变成现实上可以理解的。"①这里我们应该注意到,托马斯强调,感性认识只是因为理性认识提供了材料,但它并不是形成理性认识的根本原因或唯一原因,而理智的主动作用,以及自身的功能即具有的理解抽象感性印象的能力,也是形成理性认识的重要因素。从中我们可以看到后来在康德哲学中认识论先验逻辑原则的雏形。

当主动理智完成了对映像抽象后,形成了托马斯称之为"理智影像",主动理智将理智影像传递给被动理智。被动理智功能特征主要是接受、理解和认识。托马斯认为,被动理智就像一块白板,因此,被动理智所接受的主动理智经过抽象的理智影像就成为"印入影像"。但是,还要特别注意被动理智也不是绝对的被动,它也具备某种能动性。其表现在于被动理智有目的地把印入影像与认识的客体对象联系起来,并以自身的特殊表达方式再来观察客体的本质特征。这种表达方式托马斯称之为"表述影像"。表述影像实际上就是某种抽象的概念,表述影像的产生,标志着至此理性认识也就完成了。

(4)真理性认识。

认识运动的基本目的在于获得真理,因而研究认识运动过程的规律,必须研究真理性问题。托马斯说:"理性认识是感觉与纯粹理智的中间阶段。它不是感官的活动,而是作为肉体的形式的灵魂的功能的产物。理性认识故而与个别地方存在于有形物质之中的形式相关,但形式却不能被作为存在于具体的有形物质中的东西而被直接把握。这就需要把形式从感觉印象所反映的个别物质中抽象出来。对有关

---

① 《神学大全》第 1 集第 84 题第 6 条。

物质的真理的思考使我们达到精神的真理。"①也就是说,理性认识不是人的感官的活动,它是灵魂的精神性活动,它的任务是从具体物质中抽象出它的普遍形式,从而把握真理性认识。

托马斯还认为认识的基本原则是:"知者与被知者是同一的,这是一个普遍真理。"②这句话的意思是认识活动与认识对象的性质是相同的。认识的主体是灵魂的形式和质料的有机统一,认识的对象同样是由形式和质料的组合构成,从最终意义上看,认识主体与认识对象在上帝那都将达到完美和谐的统一,因而认识活动也必然能够把握认识对象,使理性活动与认识对象的普遍本质达于一致。

知者与被知者的同一性是托马斯真理的基础。他说:"真理的定义是心灵与事物的一致性。因此,知道这种一致性就是知道真理。"③心灵与事物的一致性,这是由知者(心灵)与被知者(物质)的本性与构造所决定的,使理智活动与客体的物质对象达于一致,便构成真理,因而真理的存在也是必然的,无论心灵是否认识到它。在此意义上,托马斯说:"真理的核心在于存在,而不在本质。"④根据托马斯存在与本质的关系来看,存在先于本质,存在优于本质,理智活动所要追求的真理,就是对存在的认识和理解。一种认识是否是真的,取决于认识内容的对象是否真实存在,如果存在,这个认识就是真的。当然托马斯所指的认识内容的对象,可以是某种感性事物,也可以是某种精神实体。例如,当我说"我在想独角兽",不论世界上有没有独角兽,只要在我的观念存在着独角兽,这一命题也是真的,这就完全陷入主观真理论,显然是荒谬的。托马斯认为:人类理智的真理是多种多样的,"真理在神的心灵中是单一的,从此流溢出很多真理到人的心灵之中,正

---

① 《神学大全》第 1 集第 85 题第 1 条,第 87 题第 1 条,第 16 题第 2 条。
② 《神学大全》第 1 集第 85 题第 1 条,第 87 题第 1 条,第 16 题第 2 条。
③ 《神学大全》第 1 集第 85 题第 1 条,第 87 题第 1 条,第 16 题第 2 条。
④ 《箴言录》注,第 1 集第 19 章第 5 题第 1 条。

如同一张脸在镜子中照出不同模样"①。比如,科学真理与哲学真理是同一个真理的两个侧面。他还认为,具体的真理所反映的都是具体事物的存在,而具体事物都是不完善的,因而反映具体事物的真理也都是不完善的、相对的,而相对真理统一于绝对真理,绝对真理表达的是上帝的存在,这才是最完美的。托马斯的真理观,有其正确合理的一面,例如"真理是主观与客观相一致","真理是客观的","相对真理趋向绝对真理"等,当然,这些观点都是在神学哲学体系中显露出的一些有价值的内容,总体来看他的真理观,仍然是为论证上帝存在服务的,这是显而易见的。

纵观托马斯的认识论,是一种神学哲学认识论,其主旨在于适应时代的发展变化需要,对传统保守的经院哲学,特别是奥古斯丁主义的经院哲学进行修正和革新,以更合理的、更精密的思辨形式来为宗教神学作论证,这是他的基本出发点和目的。不可否认,在这个前提下,他对认识运动过程的阐释,大量地吸取亚里士多德的认识思想,并结合自己的独特创新,有许多合理的、有价值的内容。如果把托马斯的认识论放在当时特定历史背景去考察,应该说,他的认识论思想,是人类认识思想发展史上一个阶段和不容忽视的环节。例如,他提出:人类的认识对象首先是从外部事物开始,感性事物和感觉经验是一切认识的基础,认识的过程是从感性认识上升到理性认识,感性认识是理性认识的基础;提出灵魂和肉体相结合为统一的实体,从而强调人的心灵不能脱离肉体,人的认识不论感性认识还是理性认识都不能摆脱肉体独立发挥作用;强调理性认识的任务是抽象概括出寓于个别事物中共同的普遍本质;认为真理是主观认识与客体的一致等。这在一定程度上体现了客观主义和经验主义的性质,也包含有唯物主义和辩证法的因素。这些对后来者不无启迪。当然这些合理成分,并没有根

---

① 《论真理》第 1 题第 2 条。

本改变他的认识论体系的神学唯心主义基本立场。他是虔诚的基督教徒,是神学的忠实卫士。他自己曾说:"不错,人必须依靠身体的器官,从那可以感知到世界,汲取知识。但是,除非得到较高神灵的帮助和启发,人就永远不能全面了解有关人类的一切事情,这就是人的知识状态的缺点。"①倒向神灵,倒向启示,这是托马斯认识论的必然归宿。

3．伦理和社会政治学说

托马斯的伦理和社会政治学说,同样是用基督教神学来加以指导,他认为必须以教义为准则,重新确立人们的伦理价值标准,构建社会政治体制。只有这样,人的社会行为、社会结构才是合乎人的自然本性,符合神的意志,才是合理和理想的。世俗社会和现世的人,由于受到形形色色恶的情欲的影响,很容易偏离人的自然本性要求,而陷入罪恶深渊。只有按托马斯的伦理准则去规范人的行为,按神的启示去构建社会政治体制,人们才能得到拯救,真正实现人生的价值目标,追求终极的善,而获得永生。

(1)伦理思想。

托马斯的伦理思想仍然是亚里士多德的学说与基督教思想的混合。但在伦理思想上托马斯更多的则是以基督教思想为基础,而不像

---

① 《反异教徒大全》第 3 集第 81 题。

在形而上学和认识论学说方面,则是以亚里士多德的学说为蓝本,来阐发自己的思想。在伦理学方面,亚里士多德关注的是世俗社会和现实的人,排除神灵的干涉,纯粹从人的自然本性出发研究人的伦理问题,这必然从根本原则上与基督教神学相悖。因此,作为一个基督教哲学家,托马斯必然更多地汲取以奥古斯丁主义为主的神学哲学内容,并对亚里士多德伦理学说加以神学改造,以适应其重建基督教神学体系的需要。

①道德学说。

托马斯认为在论述人的伦理行为之前,应对人的活动性质加以分析,因为人的活动性质有两类,一类涉及伦理道德,一类不涉及伦理道德。如果不对这两类活动性质加以区分,那就无从判定人的行为是道德的还是不道德的,以至造成道德标准的混乱。人的活动性质一类是"人的行为",这是指一些自然的、无意识的、本能的活动,诸如新陈代谢、生长发育、条件发射等,以及一些生理现象为主。这些活动,不是人们主观意识自主选择,是没有经过大脑思考的无目的性的行为。尽管这些活动也是满足人们生存需要,符合人的本性的要求,但却不属于道德范围,这种行为是中性的。托马斯曾举例说:"如果一个行为不是有意的……比如摸一下胡须,动一下手或脚,确切地说这样的行为不是伦理的或人性的……它是中性的。"①

另一类行为称之为"人性行为",它是人在理智指导下,有意识有目的的活动。与无意识的"人的行为"相比,"人性行为"意味着:"人是其自身活动的主人。而之为自主活动的主人,乃是由于理智和意志。"②所以,"人性行为"是经由人的理性判断和意志决定的一种理性活动。因为人的理性判断和主观意志其指向性、目的性是明确的,而

① 《神学大全》第 2 集上册第 18 题第 9 条。
② 《神学大全》第 2 集上册第 1 题第 1 条,第 3 条,第 7 条,第 7 条。

伦理标准,就是衡量人的理性判断和主观意志是否符合某种道德要求,因而它有道德和不道德的区别,它属于伦理范围。总之,不是人所产生的一切活动都是"人性行为",只有"人性行为"属于道德范围,也可说是伦理行为。托马斯说:"伦理行为和人性行为是同一的。"①而伦理学所要研究的就是"人性行为"。

托马斯接受亚里士多德的幸福论,认为"幸福是人类的至善,是其他目的都要服从的目的"②。人人追求幸福,追求善,这是最基本的、最现实的"人性行为"。而追求善这是人的本性所决定的,并不是人的自由选择,所以这是一种必然。或者说善是人的意志所追求的不可改变的永恒目的。当人们获得了某种自己所愿望的善,实现了追求善的目标,就会同时获得一种自我满足的幸福感,这说明追求善和获得幸福是紧密联系在一起的,客观的善转化为主观的满足和幸福,统一于人的本性需要。人们追求善以获得幸福,这是人的本性使然,但是在这里托马斯注意到人们对善的理解、善的愿望的具体对象却大不相同。"有些人追求财富,把财富当作善;有些人追求快乐;另一些人追求其他别的东西等等,不一而足。"③托马斯认为,尽管人们对善的理解千差万别,但有一点则是肯定的、相同的,这就是人们都在善的名义下去追求它,这说明,"人天生具有倾向善的意志,这是千真万确的而无可否认的"④。尽管这种善或许只是人们主观认定的,或者客观对象本身就是善。

托马斯在分析了追求善是人的本性的需要所决定的之后,进而又指出,倾向于善,也是"人性行为"的目的性。当人们的理智认定一个客观对象是善的,即把这一客观对象当作追求奋斗的目标,因为实现

① 《神学大全》第2集上册第1题第1条,第3条,第7条,第7条。
② 《伦理学》注,第1卷第14讲。
③ 《神学大全》第2集上册第1题第1条,第3条,第7条,第7条。
④ 《神学大全》第2集上册第1题第1条,第3条,第7条,第7条。

这一目标,能使人得到自我满足、自我完善、自我发展。总之,善是人们主观所希望达到的目的。由此,托马斯断言,人的本性既必然倾向善,又必然以实现善为目的。但是,现实世界的事物又都是有限的、不完美和不至善的,人的本性意志不仅必然追求有限的善,以获得相对的满足和幸福,又必然要追求最高的善即至善,以期获得完美的幸福,这是人的最终目的。那么什么是人所追求的至善和最终目的,这是伦理学中至关重要的问题。因为至善和最终目的,直接关系到伦理道德的标准,假若我们明确了某种目的为至善的和最终目的,那么我们的一切行为就将以此目标为准则,去衡量行为是否道德。在这个问题上,托马斯坚持宗教神学的基本立场,并又综合亚里士多德和柏拉图的思想,提出至善和最终目的是上帝。

托马斯是怎样证明至善的上帝是存在的呢?他认为,首先,至善和最终目的是存在的,如果没有至善和最终目的,人们就不会对它孜孜以求,不断努力。诚然,现实的人总是先把一些个别的善和目的作为追求目标,当人们达到这些目标,这些个别的善和目的,只能给人以短暂的有限满足,而不是永久的完美的满足,那么人们就会又有新的更高的善和目的,这些个别的善和目的只是作为达到至善和最终目的中继站或途径和方法。托马斯举例说:"或许有人认为物质财富、身体强健是善的,获得它们就是幸福,把它们当成追求目的;可是当你获得这些后,会得到一时肉体和物质享受的快乐,不久又会感到不满足、不幸福,甚至产生极大的失望,这说明这些目的是不完美的和不至善的,只能部分满足人的愿望和幸福。再比如有人认为荣誉、权力和知识是善的,如果能够拥有这些,将给人带来极大的愉悦和幸福,把这些作为自己追求的目的;可是我们应该看到,荣誉是人给予的评估,其中包括着不确切和虚伪性。权力使用得当可以用于行善,使用不当可以用来作恶。掌握一定的知识,确能给人一种享受,可是知识又总是相对的,仍然无法满足人的求知欲。由此可见,现实世界任何事物都是有限的,只能给人们一时的享受,无法满足人的本性需要。"①相反,就人的本性来讲,人是要追求最完美的善,只有达到这一目的,才会感觉获得了最终、最大的满足和幸福。所以,托马斯又说:"人们都愿意自己完善,就是最终目的的意思。"②总之,至善是存在的,而追求至善原则是人的本性。那么究竟什么是至善? 托马斯认为,至善的标准有三条:第一,本身完美无缺;第二,持久不变;第三,能够满足人的本性所有的合理要求。按这三条标准,现实世界一切事物都不可能是至善的,因而都不能成为人所追求的最终目的。只有上帝符合这三条标准,因而上帝是至善的,也是人们追求的最终目的。

托马斯还不断用宗教神学来论证上帝的至善和存在,以及追求至善实现最终目的的途径。他说:"真正的幸福在于理智去认识上帝,幸福的本质在于理智直接去'瞻仰'上帝、'享见'上帝。"③他坚信《圣经》的教条,在现实世界中人是无法获得至善、幸福完美,只有在来世,灵魂升入天国,与上帝完全同化,才能完美无缺,永恒幸福。由此可以看出,托马斯虽然接受了亚里士多德的幸福论、目的论,但他却对亚里士多德的学说加以神学改造,他认为亚里士多德不了解、不认识上帝,因而他的幸福论是建立在现实物质世界基础上,只注意追求短暂的、不完全的善,无法确立和把握至善和最终目的,也就不能真正认识人的本性和人生最终目的和意义。而基督教则明确暗示人们,上帝是唯一至善完美,人生的最终目的就在于不懈地追求上帝,不断地完善和发展自我,人生的意义也在于此。这也充分表明,托马斯和亚里士多德,都主张善的目的论和幸福论,但亚里士多德主张人所追求的善和幸福,是现实生活的善和幸福,具有鲜明的理性主义、现实主义和自然主义色彩。而托马斯则宣扬的是上帝是至善,是人们应该追求的最终幸

---

① 《神学大全》第2集上册第2题第1—8条,第1题6—7条,第5、7、8条。
② 《神学大全》第2集上册第2题第1—8条,第1题6—7条,第5、7、8条。
③ 《神学大全》第2集上册第2题第1—8条,第1题6—7条,第5、7、8条。

福,并且获得这种至善和幸福只能在来世的永恒世界。

②天赋良知和良习。

托马斯认为人的本性决定人人必然去追求至善,去追求完美的幸福。人们何以能实现最终目的,这就需要有共同的伦理道德准则、良知或良心,就是人们公认的伦理道德准则。何谓"良知",托马斯认为"良知是与其他事物的相识"①。换句话说,良知是把已有的知识应用于其他对象上。"良知是知识的实际应用。"②

托马斯认为由于有了良知,人就可以知道自己应该做什么,不该做什么,能够正确地判断已经所做的事或将要做的事是善是恶,是正确还是错误的,以此来规范人的行为。那么,人的良知又是从哪里来的? 托马斯认为,人的良知是天赋的,即先天就有。因为,人的本性和人的存在都是上帝派生的。人之为人,就是因为具有区别于动物的本性或本质。人的本质给人的存在以规定性,又通过人的存在来体现,人的本质和存在的统一构成现实的人。而人的本性决定了人必然去追求自我完善和自我发展,当人的理智对人的本性进行自我反省时,又能意识到人所具有的追求自我完善和自我发展的本性,这种追求自我完善和自我发展的行为,就是"良知"。所以,"良知"是人的本质特征,是上帝赋予的。因此,良知能辨别人哪些行为有利于达到符合本性的目的;哪些行为有碍于追求至善,鼓励、支持善举,而谴责、禁止恶行。同时,人们是否按良知的要求去做,对人的主观精神又有强烈的反作用。例如,当人们做了好事,行了善举,会得到由衷的喜悦和快乐,当一个人做了坏事,违背良心,他会感到内疚和不安,这表明良知既是人们内心评判行为的标准,又对人的行为起到自我控制导向作用。托马斯把良知作用归纳起来分为三种:一是"鼓励和约束",即"使

---

① 《神学大全》第 1 集第 79 题第 13 条。
② 《神学大全》第 2 集上册第 19 题第 5 条。

人们根据自己的良知,判断什么是应该做的,什么是不应该做的";二是"作证",即"使人们重新认识自己做过的事和未做过的事";三是"指控或控告、谴责",即"使人们根据自己的良知,判断已做事是好或坏"①。接着,托马斯对良知的作用进行概括:良知好比是"一种理智命令",是人类行为的"主观法则"②。

托马斯进一步论述良知的性质和作用,他认为良知尽管是人的行为的理智命令和主观法律,但在实际生活中,良知这一内省的主观道德标准也会出现错误,他引证恺撒《高卢战争》一书说,"过去在日耳曼民族那里并不认为盗窃是坏的"③。这表明良知只是依靠对善恶的理解来评判行为,它不是法律本身。在这里,托马斯实际上隐约地感觉到良知作为人类的伦理道德标准,它不是绝对正确和固定不变的,它是随社会历史发展变化而变化的,当然托马斯并未如此明确地认识到这一点。他又强调说,良知的正确与否并不妨碍它作为伦理标准对人的行为约束力,良知始终制约人的行为,人们都要按良知要求做,如违背良知去行为,自己就会有犯罪感。"所以,应当承认,所有良知,无论是正确或者错误,无论是倾向于恶或者是坚持公正,都具有约束力。因而,无论如何,不可做违背良知的事,否则就是犯罪。"④至于良知有时为什么会犯错误,托马斯认为这主要是人有意无意地受后天不良习惯的影响造成的。例如,贪欲、无知、腐败和风俗习惯,还有由于疏忽大意等,由于这些不良习惯对人的理智的侵蚀,最终导致丧失好的良知、产生错误良知。对错误的良知也还要根据不同情况加以区别对待,如果是有意屈从贪欲,迁就腐败风俗习惯等造成的客观犯罪,就要

---

① 《神学大全》第 1 集第 79 题第 13 条;《论真理》第 17 题第 1 条;《彼得·伦巴德〈箴言录〉注疏》第 2 卷第 24 部第 2 题第 4 条。

② 《神学大全》第 2 集上册第 19 题第 5 条;《自由辩论集》第 3 卷第 12 题第 1 条。

③ 《神学大全》第 2 集上册第 94 题第 4、6 条。

④ 《自由辩论集》第 3 卷第 12 题第 2 条。

负伦理责任。如果是出于无知或疏忽大意，而使良知背离理智产生的错误，则不能看作犯罪。

托马斯提出良知的同时，又提出"良习"的概念。他认为，"良习"是在人们内心比良知更深层次的道德原则，良习每个人都有并且也是先天的，它是人的本质的一种"自然习惯"。良习的作用是向人们揭示人类普遍尊崇和永恒不变而又明确无疑的基本道德原则，如"行善避恶"等就属此类原则。"良习"与"良知"的关系是怎样呢？托马斯认为，"良习"也可称之为"自然法"，是人们天生具有的关于基本道德原则的自然知识；"良知"则是把基本道德原则应用在个别具体事实的行为。或者把两者的关系归结为"良习"好比"思辨理性原则认识在伦理范围的应用"。两者都不是人的某种具体能力，都是道德行为的准则，从这个意义上有时托马斯也把两者不加区别混用。托马斯关于良知与良习的观点受到后来一些宗教哲学家推崇，如当代著名的新托马斯主义伦理学家布鲁孟说："良习是第一伦理原理的习性，其作用是指出伦理的基本原则，如行善避恶……良知的作用则是决定某一特定或个别事情的可行性与否……良知能犯错误，良习则不能犯错误。"

关于"良习"概念并不是托马斯的发明，实际在历史上，一些哲学家早就先于托马斯运用此概念，只不过他们对"良习"认识与托马斯有所不同。托马斯十分强调"良习"是人天生的自然特性，同时"良习"是不能犯错误，也不会消失等。这是他从神学的立场对"良习"概念赋予新的内涵。古希腊唯物主义哲学家德谟克利特是首先运用"良知"概念的哲学家，他曾说，有些人做了坏事，总也不能忘掉，一直受到内心良心的谴责而备受折磨。这些人不知道人的本性是可灭的，于是胡思乱想虚构出许多关于来世生活的神谈与怪谈。在这里，德谟克利特从朴素唯物主义的立场，来解释良习的作用。后来，斯多亚学派认为"良习"是"维持人们整个精神生命的习性"，即人们内心存在的，保证人的理智合理地自我完善的自然倾向。例如塞纳卡说：良习是"在人内的神"。为此,斯多亚学派主张,要按人的精神本性去行为,才能完善地实现人的精神生命。用通俗的话讲,就是人必须按照自己的良心过真正的生活,才能实现自身价值。托马斯接过"良习"的概念,加以神学的改造。托马斯一方面认为良习是神赋予人的永恒的法令,在人们内心无法抹去,它自觉不自觉地指导人们按这种自然法则去判断、去行为,另一方面他把良习说成是上帝在人的心灵点燃的火种或火苗。这种火种和火苗在人心里是永不熄灭的,只要保持理智,这火种必然存在。火种照耀着人们的内心,指示着人们按自然法则去生活,火种燃烧着,督促人们弃恶行善,鼓舞人们去做好事,当人们做了好事,心灵就会得到慰藉和安宁;当人们做了坏事,心灵就会受到鞭挞,深感惶恐和不安。既是犯罪的人,他的"良习"也不会泯灭,在良习火种照耀、燃烧下,还可能受到拯救、获得新生。一句话,良习是人类行为的内在基本原则,它与生俱来,与人相伴终身。托马斯用神秘主义阐释良习。

托马斯还认为,良习与神法的本质是一致的,两者都是人类行为的最高准则。它们的区别只是在于上帝以不同方式赋予人类。良习是上帝直接赋予人的心灵的自然法则,而神法则是上帝通过先知和耶稣所颁布的诫命,具体告知人们,它们的本质都是上帝的理智命令,都源于上帝,人们都必须无条件地自觉恪守和遵从。

③自我修养的德性。

托马斯认为,规范人们的行为,除了上帝先天赋予人们内心的良知和良习,这些人的本质所决定的自然倾向外,还需要有后天自我修养形成的德性,两者相辅相成,促使人们按上帝的旨意,永不停息地追求至善,去实现完美的人生。

托马斯同样是根据亚里士多德的伦理思想提出了德性概念。但他不是照搬亚里士多德的思想,而是根据重建基督教哲学的需要来修订、补充德性含义,赋予它基督教的思想内容,但同时托马斯为使其神学伦理更加贴近社会现实,也参照了人类社会的一些基本道德观念,来阐释德性学说。所谓德性，他认为实际上就是一种"习性"，而"习性"是人类在长期的社会生活中不断积累逐渐形成的，所以不是先天具有的，而是后天获得的。在理解习性时，托马斯还着重强调"习性"不同于良知和良习，它是"一种特定的完满的能力"①。而良知和良习不是一种能力，人们可以体会到，由于长期养成某种习惯就会使人能够很容易地甚至似乎不知不觉去实践某种行为，这就是"习性"作为能力的具体表现。就"习性"本身来讲它是中性的即无所谓好的或坏的，但作为人们在实际生活中的具体习惯来看，则有可能是好的，或有可能是不好的，好的习惯称之为"德性"或"美德"，坏习惯则是"毛病"或"恶习"①。托马斯对"德性"进行概括，"德性"是一种习性，一种使人易于行善的良好习惯。"伦理德性乃是一种选择性的习性，也就是说，习惯于选择实践善的行为。"②

以上是托马斯对德性性质的论述，接着他又对德性进行分类研究。托马斯认为德性有两类。一是"本性德性"，这与人的自然本性相一致相统一。还有一类叫"超本性德性"，这是托马斯根据基督教神学思想提出的，除了有人的自然本性外，还有一种超自然、超本性的东西，实际上这就是神灵、上帝之类。因此，"超本性德性"也可称之为"神学德性"（virtutes supematurales vel the ologicae）。所谓超本性德性，主要是神学上的"信、望、爱"这三种德性，即信仰上帝、希望上帝、敬爱上帝的行为。这三种德性具有先天性质，是上帝直接赋予人类，不是人类的后天修养形成的。超本性德性隐藏在每个人的心灵深处，只要经过圣喻的启示，就能开启心灵的大门使超本性德性显现出来，人们按超本性德性去做，就能使人摆脱世俗各种卑污欲望的诱惑，人的本性就能得到充分完善，自我获得完满的发展。在这里大家可能注

---

① 《神学大全》第 2 集上册第 49 题第 2—3 条，第 54 题第 3 条、第 58 题第 4 条。

② 《神学大全》第 2 集上册第 49 题第 2—3 条，第 54 题第 3 条、第 58 题第 4 条。

意到,托马斯关于超本性德性论述与前面对德性所下定义是相矛盾的,前面说德性是后天修成的,而超本性德性则是先天的,上帝直接赋予每个人的。对此托马斯为了自圆其说,运用宗教神学命题加以解释。他说上帝是超自然的,人要完善自我本性,发展自我,除了后天要养成良好习惯按德性行事,还需要有上帝直接赋予德性,以便更好地趋向上帝,使心灵沟通上帝,能够直接聆听上帝的教诲,按上帝的启示去实践人生,才能使人的生命通向永恒。而超自然的上帝赋予的德性必然同样是超自然的。反之,如果无视或否认上帝的天赋禀性,不把握超自然的倾向,就会使人的心灵蒙上世俗的尘埃,使理智和意志迷失正确的指向,阻断超自然与自然的完美结合,那将庸庸碌碌终其一生,无法使生命超越自然的羁绊,去实现人生的最终目的。托马斯还说:"上帝赋予人的这三种超本性的德性,乃是上帝的恩赐,这恩赐决不会取消人的本性,而只是有利于人的本性,它能够充实完善人的本性。"①它既能帮助人有效地去追求至善,实现完美的人生,又有使人的本性得到最大的满足,获得真正的幸福。在托马斯心中,超自然德性是至高无上的,忠实地履行超自然德性的"信、望、爱",才能真正成为"圣人"和"完人",这是所有的人都应该不懈努力去追求的目标。关于超自然的德性,托马斯还有许多论述,属于神学伦理学问题,这里我们主要分析他关于人的自然本性德性观点。

根据亚里士多德的理论,他把本性德性分为理智德性和道德德性。托马斯在此基础上进行了新的论述。"所谓理智德性,是指那些能够改进和完善人的理智能力的习性,使理智能够更容易地达到真理。从思想方面来说,它表现三种良好习惯:智慧、聪明、学问(sapientia Intellectus scientia);从实践方面来说,它表现为两种良好

---

① 《德性总论》第10章;《神学大全》第1集第1题第8条,第2题第2条。

的习惯:明智和机智(prudentia,Ars)。"①

所谓道德德性,指的是那些能够使人的情欲按照正直的理智而活动的习性,即在理智的指导和意志的决定上,人性行为所做的事情是符合道德的,换句话说,人无论在理智上、还是在情欲上都要修养成趋于善,才是道德的行为。所以道德德性不单纯是理智问题,而且还有更为复杂的意志控制各种情欲的问题。"人们可以只有某些理智德性,而不一定具备道德德性,这完全是可能的,例如,逻辑学家或数学家在推理或计算上是很精通的,但不一定是有道德修养的人。"②从以上论述,我们可以知道,理智德性与道德德性是相互区别的。托马斯又指出,理智德性虽然区别于道德德性,但两者又是相互联系的,不可分割的。因为理智是渗透于道德德性之中,道德德性也不可能没有理智,"的确,道德德性可以没有某些理智德性而存在,例如不具备智慧、学问、机智,但是不能没有理智和明智","人们实践善的活动习惯这种德性,只有在理智指导下才能实现"。托马斯引证说:"苏格拉底曾主张这种观点,他说过所有的德性都是明智的。"所以,不可能只有单纯的道德德性,而没有理智或不属于像明智这种理智德性。人的理智修养是最基本的。"总之,任何德性不可能没有理智。"③道德德性要以正直的理智为导向,才能去实践善。这样理智修养好坏程度,直接影响到道德德性。托马斯说:"理智是人性行为的原则。"④在基督教哲学中,应该说托马斯是极为重视理智的哲学家,以至有人称他为理智主义者。

托马斯道德德性的思想,除了主要受亚里士多德影响外,还继承了他的前辈奥古斯丁等其他基督教传统伦理思想,把各派伦理思想加

---

① 《神学大全》第 2 集上册,第 57 题第 2—4 条。
② 《神学大全》第 2 集上册第 58 题第 5 条;《自由辩论集》第 12 卷第 15 章第 1 节。
③ 《神学大全》第 1 集第 22 题第 1 条,第 2 集上册第 57 题第 5 条,第 58 题第 4 条。
④ 《神学大全》第 2 集上册第 90 题第 2 条。

以综合、提炼，形成有自己特点的道德德性学说。他把道德德性分为
四种：明智、公正、勇敢、节制，认为这四种德性是基本德性，也简称为
四德。

明智德性，指的是"行为的正直合理"，人的行为怎样才能算是"明
智"，首先必须是正直，即是行善的，符合人的本性，其次又要是合理，
只有两方面都顾及到，才能有效地达到善的理想目的。如果是行为目
的很好，但方法选择不当，不行；反之方法可行，但目的不是善的，这都
是不明智。也就是说明智之举对行为的目标和手段都要审慎地进行
分析，然后才作决断。明智的作用在于明辨是非，分清善恶，权衡利
弊，比较轻重，指导人们在各种复杂的环境下，如何选择适当的方法，
去达到善的目的。明智即审慎，它使人的行为在正直的理智指导下，
采用适当的必要方法，完善地实现自己的目的。托马斯认为："明智是
实现善的生活的必要德性"，同时，也是首要的德性，"在所有的伦理德
性中明智名列前茅"[1]。明智规定和影响着其他德性，任何德性都以它
为基础。由于明智，使人可以十分理智处各种复杂情况，按道德规
定去行事，而不会丧失理智，做出违背道德的事。这说明，明智不仅是
道德德性，也是理智德性不可或缺的内容，"明智协助一切德性，指导
一切德性"[2]。

在理解把握明智德性时，托马斯还强调一个重要思想，明智德性
充分反映了"中庸"的美德。他说，我们之所以称"中庸"为美德，因为
"中庸"的思想要求人们在处理一切事情过程中，不能"过分"，也不能
"不及"，如"过分"或"不及"走了两个极端都不可能把事情办好，中庸
是善的。而明智遵循正直的理智指导，使人的行为避免偏激，始终恰
如其分，但明智绝不是指在处理问题时模棱两可，搞折中调和，而是举

---

① 《神学大全》第2集上册第57题第5条，第2集下册第51题第3条。

② 《神学大全》第2集上册第58题第3条、第61题第1－2条，第2集下册第58题第
3条。

措得当,恰到好处,是符合事物发展自身的要求,能够最有效、最合理地解决问题。托马斯举例说,例如在鲁莽和懦弱两个极端中发扬勇敢,在骄傲和卑贱两个极端中选择不卑不亢的正确态度。因而,明智在德性中充分体现了中庸思想,成为一种德性本身就是"中庸"的美德。托马斯对"中庸"之德推崇备至,赞赏有加,做了大量反复论述。这与托马斯所处的时代,面临复杂的思想理论的斗争形势有着直接联系。

"公正"是第二种德性。托马斯在阐述公正的含义时,援引西塞罗《论义务》一书的话说:"所谓正直的人,主要在于公正。"①公正要求一视同仁和尊重他人,托马斯还说:"公正的对象就是权利",这说明,公正所要解决的问题主要是关于人的权利问题,如何正确对待和使用各种权利,把它与衡量人的道德德性联系起来,这还是很有意义的。作为一个正直的人,首先要尊重他人的权利。由此,托马斯认为,公正的确切定义应是:"坚定而持久的意志维护每一个人应有的权利。"②这个定义包含三层含义:第一,要有坚定而持久的意志,坚持公正不是一件轻而易举的事,需要有百折不挠的精神,有遇到各种困难、挫折而不退让的坚强意志。这种意志即要求持久,不是在一时一事上保持公正,而是要持之以恒。同时还说明公正是在"自由意志"的指导下的行为,不是一种随心所欲的任意行为,而是主观意识强烈、自觉性很明确的行为。第二,是维护每一个人的应有权利,是指每一个人而不是部分人的特殊权利,这才是公正。如果只是维护某些人的特权那就是不公正。第三,是维护人们的应有权利,应有的权利要得到尊重和维护。把本来不属于你的权利加以滥用,这恰恰是侵犯了别人的权利,这是不公正的。托马斯对自己对公正所下定义颇为自得,他说:"上述的定义是完整的公正定义。"

---

① 《神学大全》第2集上册第58题第3条、第61题第1—2条,第2集下册第58题第3条。

② 《神学大全》第2集下册第58题第1、4条。

　　托马斯在概括了公正的基本含义后,又对公正的客观对象进行深入分析。指出公正要求以客观为根据,实现公平合理,均衡权益。托马斯认为,从社会现实利益来看,它包括个人的私人利益和公众的整体利益,公正要维护社会利益,不是空泛的,就是要具体地维护私人的和公众的福利。这样可以把公正划分为普遍的和个别的两种。普遍的公正要维护的是公共福利,使人的行为能保障和促进公众的共同利益,而不允许破坏和损害公众利益来满足个人的私利,这就要求人们奉公守法,遵守社会共同的秩序和准则,这就需要以法律来保障,所以普遍的公正也可以称之为"法律的公正"。特殊的公正是要维护个人的私利,当然这种个人的私利应该是正当的利益,而不是巧取豪夺、非法侵占。特殊的公正对象是指个人与个人之间的私下利益,要求人们尊重和保护各自的应有权利和福利。特殊的公正,还可以具体分为"交换公正"和"分配公正"两种。所谓"交换公正",是指买卖双方公平合理的交易。其合理性表现在一买一卖买卖自愿,等价交换,不欺诈诓骗,做到货真价实,这里要求"数学均衡"。而分配公正,主要存在于集体和个人之间,这种分配相对于交换公正来说,要复杂得多,既要尽可能照顾到私人利益,又要考虑到公共利益,因而这种分配不是一种等价交换,而是按比例分配,如四六分成或三七分成,不论何种比例,托马斯称之为"几何比率"。公共利益分配是否公平很重要的在于集体的领导者,因为集体领导者是分配比例的主要制定者和负责人,他本人首先要有公正德性,并按公正德性去指导自己的行为,才能保证分配的合理公平。当个人对集体分配比例感到满意,自愿地接受按此比例分配所得的份额,同意保留的集体份额,这也体现一个人的公正感。总之,公正实质上关系人的权利和义务,公正要求维护每个人的合法权利,履行自己的义务,同时也要求维护别人的合法权利和义务,这是一个问题的两方面。

　　托马斯对公正的德性极为重视,并给予高度评价,他赞同亚里士多德等以前的哲学家们把公正德性推崇为最佳美德的评价。他引证西塞罗的话说:"主要由于公正,人们才被称为善","公正这一德性的光辉是灿烂无比的。"①他在注释亚里士多德《尼各马可伦理学》时,进一步对公正德性的意义作了详尽分析,他认为公正德性之所以受到如此颂扬,是因为公正德性的修养,是受人的理智意志支配,以理智意志为标准,而不是受情感意志所左右。换句话说,要做到按公正德性行事,必须和人性的本质、善的理智相统一,而不是凭感情用事,这本身就值得称道。同时公正德性,所要处理和解决的是社会公共利益问题,涉及人与人之间的社会关系,其目的是要构建一个平衡、和谐、稳定的社会秩序,使人人幸福。社会公正与否,其标准也在于此。公正德性具有鲜明的社会性特征,所以愈益显出其重要性。他说:"正如亚里士多德这位哲学家所说的,最高尚的德性必然是与他人建立优良道德关系的德性,它无非就是善行这一德性。因此,人们主要表扬勇敢的人和正义的人,因为勇敢在战争中对他人是有好处的,而正义在战争与和平中对他人都是有好处的。"接着他又说,虽然"勇敢是不太容易的,但毕竟不是最好的,因为它只是在战争中有用处,而正义则在战争与和平中都有用处"②。他对"法律公正"也作了评价,"根据公益优胜于个人利益来说,法律公正本身显示在一切伦理德性中最为突出"③。"法律公正最完满的德性,因为谁具有这种德性,不仅可以应用于自身,而且还可以推及他人。"④托马斯再次借用亚里士多德的形象比喻来歌颂公正:"公正在所有德性中是最光灿夺目的,既非晚上的北斗星也非早晨的破晓星所能媲美的。"⑤

---

① 《神学大全》第 2 集下册第 58 题第 3、12 条。

② 《神学大全》第 2 集下册第 58 题第 12 条;《亚里士多德〈尼各马可伦理学〉注释》第 5 卷第 2 章第 906、908 节。

③ 《神学大全》第 2 集下册第 58 题第 12 条。

④ 《亚里士多德〈尼各马可伦理学〉注释》第 5 卷第 2 章第 908 节。

⑤ 《神学大全》第 2 集下册第 123 题第 1 条。

第三种德性是勇敢。托马斯认为，人之为善，首先要独善其身，然后才有善举。善的两方面表现归根到底都是人的本性的理智所决定的。因而开启理智最为至关重要，如果没有理智修养，一切都是不可能做到的。勇敢作为一种德性，就在于它是遵循理智的要求去做的。因为人生在追求善的过程中，要经历各种各样的困难和磨难，而人的意志则直接感受到这些困难、磨难的痛苦，理智是不可遏制地趋向善，理智引导着意志，忍受痛苦，不畏困难，不怕牺牲而勇往直前，这就是勇敢，只要意志服从了理智，人将无所畏惧。"所以，勇敢是人遵循理智的德性"①。托马斯又说，有人主张如西塞罗所说的，勇敢意味着敢于忍受任何风险和任何困难，因而无所谓胆怯和冒失。他认为这是不正确的。从表面上看勇敢直接受意志支配，而实际上是受理智的使命。理智要求人们的意志行为必须合理，懦弱和鲁莽都是不理智又不合理的意志和行为。勇敢既要排除胆小和怕死的懦弱，又要防止冒失鲁莽的大胆，"如果不胆怯，意志不会背离理智而逃躲危险和困难，所以胆怯和大胆必然是勇敢的直接对象，而危险和困难则是勇敢的间接对象。勇敢好比两种感情的调节者。所以，勇敢是基于理智而善于调节胆怯和大胆的一种关注"②。勇敢主要表现在两个方面：一是坚持，二是战斗。坚持和战斗相比较，坚持更加困难，因为坚持是长期对人的品格意志的考验；相对来说战斗是短暂的，比较容易做到。一般人往往敢于战斗而难于坚持。真正勇敢的人，既英勇战斗，又有坚韧不拔的精神，而成功和胜利往往在最后坚持；反之，在战斗过程中半途而废，将前功尽弃。勇敢的德性既要敢于和善于战斗，还要坚持不懈，持之以恒。

勇敢还需要冒牺牲生命的危险。托马斯对此也展开了讨论。他

---

① 《神学大全》第 2 集下册第 123 题第 1 条。
② 《神学大全》第 2 集下册第 123 题第 3 条；《亚里士多德〈尼各马可伦理学〉注释》第 3 卷第 14 章第 529 节。

说:第一,勇敢是不怕冒一般的死亡危险;第二,勇敢是不怕冒战争的死亡危险。关于第一点,托马斯认为,人人都爱惜自己的生命,也应该爱惜生命,因为只有生命的存在,才能追求善,享受现世的幸福和欢乐,而生命的死亡,就取消了生理上的一切的善。而勇敢德性,要求人们不畏惧死亡,因为勇敢是同一切邪恶作斗争,是追求心灵的善,是为实现人性的完美,这是任何生理上的善所无法比拟的。因此,在与任何恶作斗争,有时也包括牺牲宝贵的生命,但这种牺牲是实践了勇敢德性,使精神生命得到永生,灵魂获得不朽,"所以,勇敢这一德性是涉及死亡的危险"①。关于战争的死亡问题,托马斯坚持上述论点,勇敢是坚持道德的善,反对任何恶,不怕牺牲生命。另外,他对战争和牺牲作了分析。有战争就会有死亡,可是为了保卫国家的"正义战争"也是保卫大众的利益,反抗侵害大众利益的邪恶敌人,即使死亡,也是有价值的,这是积大善。"因此,应当承认,勇敢涉及战争死亡的危险。"此外,关于死亡,托马斯还列举诸如为伸张正义而不怕与匪徒搏斗,为了照顾病人不怕被传染等勇于牺牲的行为,都是勇敢德性。"所以,牺牲是勇敢的行为",是"一种特殊的伦理美德"。② 值得大力褒扬。

第四种基本德性是"节制"。节制是理智对情欲的合理控制。在节制问题上,12 至 13 世纪存在着两种对立的观点,一种是以教会哲学中的斯多亚学派为代表,他们认为一切情欲都是恶的,主张禁欲主义。一种是亚里士多德学派或也称为逍遥学派,他们认为情欲是人的自然生理需要,合理地享受合乎理性,因而有节制的情欲是善的。对这两种学派的观点,托马斯采取了兼收并蓄的方法,并力图抹杀二者之间的矛盾。他曾解释说,赞同逍遥学派而必须否定斯多亚学派这实际上是一种误解。"有人认为,关于这个问题斯多亚学派的意见和逍遥派

---

① 《神学大全》第 2 集下册第 123 题第 4 条。

② 《神学大全》第 2 集下册第 124 题第 2 条,第 123 题第 2 条;《亚里士多德〈尼各马可伦理学〉注释》第 3 卷第 16 章第 559 节;《德性总论》第 12 章。

是有分歧的,因为斯多亚学派说一切情欲都是恶的,逍遥学派却说,有节制的情欲是善的。的确从字面上看,似乎存在着相当大的区别,但实际上,如果人们注意双方的意见,他们之间没有区别,或者只是很小的区别。因为斯多亚学派没有划分感性和理性,因而也没有区分出理性情欲和感性情欲。所以事实上,斯多亚学派说的一切情欲是指不接受理智支配的行动,因而斯多亚学派关于一切情欲都是恶的断言,实质上同逍遥学派关于不受理智支配的情欲是恶的断言,乃是一回事。"①

托马斯宣称,人是由灵魂和肉体组成的一个统一体。灵魂决定了有理智和意志,而人的肉体的自然属性,决定了有各种情欲。作为自然属性的情欲本身无所谓好与坏、善与恶,关键在于人如何去利用情欲,用得好可以为善,用得不好可以使之为恶。所以为什么同样为人,有善人恶人之区别,造成区别的并不在于是否有情欲,只要是人都有情欲。那么,人的情欲与人的善恶之间又是怎样一种关系呢?托马斯认为,人的情欲归根到底是受理智支配的,犹如灵魂决定肉体一样。当情欲缺乏理智支配时,或表现为畏缩不前,软弱无力,或表现为恣意放纵,无所节制,这种"过分"或"不及"都是恶。当情欲接受理智的指导,情欲就会得到合理节制,有节制的情欲甚至有利于人的身心健康。理智指导情欲有两种情形:一是激发人的勇敢,不怕困难,不惧死亡,敢于同一切邪恶作斗争,这时情欲是趋向善的;二是合理的节制,当情欲纵情享乐时,理智就会适当加以控制,使情欲不超越人性善的标准,不伤及人的肉体的自然属性,能循规蹈矩,在合乎情理范围内活动。托马斯说,人的情欲有多种,其中最为强烈的是两种,一是食欲,二是性欲。食欲是为了保持个体生命的生存,性欲是为了繁殖后代。其他

---

① 《神学大全》第2集上册第24题第2条,第59题第2—3条;第2集下册第123题第10条,第158题第1条;第3集第15题第4条,第46题第6条。

如视觉、听觉、嗅觉等欲望与食欲和性欲相比较其强烈程度就低得多，而且对于人的生存和延续来说也处于次要地位。食欲与情欲则最容易摆脱理智，难以驾驭，因而需要节制来加以控制。节制对食欲和性欲的控制，是根据理智以人的自然本性的需要，包括生命的存在和延续为准则。托马斯说："节制把这种生命的必然性作为它享受事物的尺度，也就是说，享受事物，无非是使生命得以延续。"①所以，节制本身也是合乎理性的，也是一种基本的德性。根据这些分析，托马斯强调，人是灵魂和肉体的统一体，肉体情欲无所谓好与坏、善与恶，作为追求自我完善、自我发展、合乎理智的人必须具备节制德性。

应该承认托马斯传承亚里士多德关于节制的道德理论，有其合理性一面，然而他又十分推崇斯多亚学派，如上所述他企图把亚里士多德学派的节制理论同斯多亚禁欲主义调和起来，对此应有一个正确的认识。很显然，托马斯盛赞斯多亚学派的禁欲主义完全是出自其神学的需要。作为基督教的神学家，托马斯从基督教的教义出发，主张上帝是终极的善。精神是永恒的，而现实的物质体都是暂时的。现世是个过渡，为了永恒的来世，专务上帝的精神生活，把有限的生命奉献给上帝，同样是合理智和趋于善。对于神职人员来说，为了专心致志于上帝的事业，舍弃一些肉体情欲享受，过独身的禁欲的生活，本身就是一种崇高的积善的行为，这能使他们更有效地去实现至善至福的人生最高目的。为了证明这点，托马斯还进行了大量论证，他说："人类社会不仅在肉体方面要繁殖，而且在精神方面也要发展，所以，如果有一部分人从事肉体生殖已足以解决问题，那么另一部分人实行克制而专务上帝的思考，以便促进全人类的美好精神生活和得救。正如在军队里，有的守卫营地，有的擎举旗子，有的持枪作战，这一切都是应该做

---

① 《神学大全》第 2 集下册第 141 题第 6 条。

的事,可是不可能由一个人来担任这一切。"①托马斯假借社会分工理论来证明其禁欲主义的合理性,假借士兵的光荣职责来颂扬禁欲主义的崇高性,把基督教神职人员所过的禁欲主义独身生活赞颂为专务精神生产的神圣事业,它既符合人的自然本性又满足社会实际生活需要。把禁欲主义说成是节制德性的杰出典范。托马斯的证明显然是十分荒谬的,他所说的社会分工理论根本不能证明禁欲主义是一种必要的社会分工,再者精神生产与物质生产或人类自身的再生产(繁衍后代)并不是截然对立的,托马斯纯粹是为了神学需要,连最基本的逻辑规则和社会实践的事实都不顾了。

以上是托马斯关于人性行为四种基本德性的主要论点,在论述过程中他还对四种德性作了概括,认为四种德性可以分为两类:第一类是明智和公正,第二类是勇敢和节制。第一类属于理智和意志,表现为"思辨理性"。明智由于以理智指导人实践,使人的行为符合道德判断,所以优于其他一切道德德性。公正仅次于理智,但也比其他道德德性优越,公正遵循理智,实现意志所向往的公平事实,公正与理智一样不属于感性情感,明智存于理智之中,公正在于遵循理智而表现在主观意志之中。

第二类是勇敢和节制,主要表现为"实践理性",是感性情感方面的行为。它接受理智的判断和公正的意志,使情欲合情合理,所以,勇敢和节制虽是基本德性,但不是理智本身的能力。勇敢和节制之为"实践理性",在于实践"思辨理性"所认识的真理。托马斯四种德性的先后顺序是:"明智为第一,公正为第二,勇敢为第三,节制为第四,然后其他德性。"②

---

① 《神学大全》第 2 集下册第 152 题第 2 条。
② 《神学大全》第 2 集上册第 66 题第 3—4 条,第 2 集下册第 123 题第 12 条。

（2）法律思想。

人的伦理行为,需要道德规范和法律规范。托马斯的道德规范是从人的本性出发,以追求至善为标准,到上帝赋予的良知和良习,再到以理智为核心的道德德性,构建了一个完整伦理理论体系。下面我们来分析他的法律思想。

①法的基本思想。

托马斯给法定性,他说:"法是一种从属于理智的东西。"①给法下定义为:"法无非是理智的一种命令,法是关心社会团体的人为了共同利益而颁布的。"因此,有人认为托马斯的伦理学说是理智主义。这样我们必须首先弄清楚托马斯是如何解释理智的。他所说的理智,不是由物质派生和决定的某种意识形态,也不是指人的意识中的高级思维能力,它是灵魂的一种功能,而灵魂则是上帝直接赋予人的一个精神实体。所以,理智本质上属于神学。托马斯还认为,理智本身反映人的自然本性。这种自然本性也不是现代自然科学所证明的,而是由自然界长期进化而产生的,符合自然规律的本质。在托马斯看来,人的自然本性亦即"人性",也是上帝直接规定的。上帝在创造人时,已经规定了人的本性和发展自己的本性,以便达到最终至善的目的。理智按照人的自然本性的要求,去指导、去规范人的行为,使人更趋向自己的本性和发展自己的本性。由此可见,托马斯的所谓的理智,和理智所反映的人的自然性,都是宗教神学意义的内容,只能放在宗教信仰和神学范围中去研究。

关于法的定义亚里士多德曾提出,法的构成有两个基本的必要条件:一是务必公布于众,二是保障人的活动致力于公众的共同利益是法的根本目的。亚里士多德认为,不论制定什么样法律都必须符合这两个基本条件,才称之为法。托马斯对法所下定义,也是根据亚里士

①　《神学大全》第2集上册第90题第1、4条。

多德的理论提出的,"法是关心社会团体的人为了共同利益而颁布的"。这似乎完全符合亚里士多德的基本条件,理论上是严谨的。然而只要稍加分析,就不难看出,托马斯关于法的定义,同样是在基督教神学理论的基础上,从宗教信仰及教义出发来规定法。按照他的理解,法是根据上帝赋予人的理智及人的本性的规定性而制定颁布的。因为所谓人的共同利益,在托马斯看来理智需要和人的本性的自然倾向也就是人的共同利益,违背了理智需要和人的本性的自然倾向,也就破坏了人的共同利益。同时法也为使理智和人的本性的规定性,能够在现实和社会得以实施的具体保障。总之,在托马斯那里法既以理智为原则,又是理智的产物,反过来人们通过自己的理智又可以认识法。一句话,人的理智是法的内容及标准,人们以理智来判断是非和善恶,以理智来规范人的行为,也就更加符合人性的自然倾向,更好地趋向善的最终目的。托马斯根据基督教神学的法律思想,来创设法律体系及法律文本。

②法的分类。

关于法的分类,托马斯是在基督教神学的总框架内,对古代自然法理论及在自然法理论基础建立起来的罗马法进行改造而提出来的。托马斯认为,法可以分为四类,依次排列为:永恒法、自然法、神法和人法。从法的排列顺序可以看出,他把永恒法凌驾于自然法以及其他所有法律之上,作为人类共同的道德规范准则。为什么这样分类及排列,他还从不同角度加以分析。首先从立法的观点上看,法可以分为神法和人法,神法是由神制定的,人法是人依照理智的要求制定的。神法包括永恒法、自然法和启示法,人法即人类社会的其他一般法律。其次,从法的对象观点来看,法有命令法、禁止法和准许法。再次,从守法的观点上看,有普通法和特殊法。普通法是全社会所有人的都必须遵守的法律,特殊法是某些人或某些团体必须遵守的法律。最后从法的约束力观点上来看,违法者都是有罪的,但不是所有犯罪者都要受到具体的惩罚。有些要受到惩罚,有些不受具体惩罚,即使不受到具体惩罚的也要受到理智道德法庭的审判,良心上都会受到谴责。下面我们来看看托马斯是怎样对四类不同法的分析。

a.永恒法。

所谓永恒法,是由上帝制定的创造宇宙万物以及指导宇宙万物的活动,使整个宇宙都朝着善的目的不断自我发展的规则。托马斯按照基督教神学的教义思想给永恒法下定义。一句话,是上帝为世界立法。在他心目中,上帝是一个超自然、超历史的先验思想大师,在宇宙产生之前,就预先设计了创造计划和创造方法。上帝在无限的永恒中构思了宇宙的蓝图,并对宇宙间一切事物的本质以及事物发展变化的目的、方向,都作详尽的设定。宇宙的产生及宇宙万物那样完美、和谐,有秩序地朝着既定的目的、方向运转,这正是上帝计划的实现,是上帝拟制的方法的具体实施。所以,宇宙间的万事万物,不论是有意识还是无意识,都不可抗拒地按照上帝对每一事物规定的性质和运动方式,去实现各自的本性和目的。托马斯举例说,例如人,上帝在创造人时就对人的性质作了永恒的规定,人的本性就是如此,永远无法改变。因此,人总是按照自身的本性需要去发展自己,完善自己,或者说人们按自身本性的需要去发展、完善自己,就是在实现上帝的规则、上帝的目的。总之,永恒法是上帝创造的,存在于上帝之中,通过宇宙万事万物具体表现出来,它是无所不在的。"由此可见,永恒法无非是指导一切行为和运动的上帝智慧的计划。"①

托马斯还认为,人是可以认识永恒法的,他说:"永恒法就其本身是无法认识的……但通过其大大小小的表现,一切具有理智的创造物是可以认识的。"②这就是说,人虽然无法直接认识上帝的智慧和想法,

---

① 《神学大全》第 2 集上册第 93 题第 1、2 条。
② 《神学大全》第 2 集上册第 91 题第 2 条。

但是可以通过对上帝创造的事物以及事物运动的法则,去感悟上帝、理解上帝,尤其是人能够运用自己的理智,达到自我意识,即认识自己的本性及本性的需要和目的,并有意识地自觉按本性的需要去完善自己。人的本性的需要就体现了永恒法。这样,在人的心中就存在着先天不可违背的、与人的本性相一致的命令或法令,它告诉人们什么是善与恶、是与非,人们应该做什么,不应该做什么,指导和规范人的一切行为方式。像"行善避恶"就是属于这一类命令,它是人所共知的又符合大众的普通利益,具有自然的合理性。从伦理学角度来说,这类命令就是基本的自然道德法则。认识这些符合人的本性需要的自然法则,也就是对上帝永恒法的认识。所以托马斯断言,这些自然法则"就是理性的创造物所分享的永恒法"①。"由此可见,人们或多或少地都认识永恒法。"②永恒法是上帝创造的,它必然存在着,永恒法规定着人的一切行为方式,永恒法是可以为人所认识的。这就是托马斯的基本结论。

b.自然法。

中世纪所说的自然法,不是关于自然的一般规律,它特指关于人的本性的规律。托马斯认为宇宙间的一切自然规律来自永恒法,反映永恒法。但是自然界的万事万物,按照上帝的指令运行变化,它自身没有理智,盲目地遵循永恒法,不可能像人类那样实现自我意识,而再根据这种自我意识给自己的运动变化下指令。人却不同,人有理智,可以主动地去认识自己本质,明确这一本质是由神的意志规定的,然后再根据这种自我意识,自觉给人自身的行为宣布自然命令,这就是自然法。显而易见,托马斯所谓的自然法主要是从人的伦理角度考虑的,实际上也就是人们通常所说的伦理道德法则。自然法在托马斯伦

---

① 《神学大全》第 2 集上册第 91 题第 2 条。
② 《神学大全》第 2 集上册第 91 题第 2 条。

理学说中占有十分重要的位置，它是世俗社会一切法律的基础，具有普遍意义的性质。他说："一切人间法律之为法，就是因为派生于自然法，如果有某一点违背自然，它不再是法律，而是法律的破坏。"[①]

关于自然法的本质，托马斯认为自然法是永恒法派生的，从属于永恒法，反映永恒法，或者说它是永恒法的一部分，上帝在创造人时规定了人的本质，人的本质反映永恒法的一部分，这一部分也就是自然法。当人认识自己的本质，也就认识了自然法，自然法早已印在人的心中。进而托马斯阐述了自然法几个重要特征。一是自然法与人的本性是完全相吻合的。它涵盖了自发本性的一切行为，包括珍爱生命、繁育后代，到追求幸福、服从良心，无不是依自然行事，因此按照自然本性行事就是遵从自然法。二是自然法印在人的心中，之所以称之为自然法，就在于这些法则符合人的自然本性，不证自明是自然而然的。当人的意志行使自由选择的自然能力时，它总是自觉或不自觉地依照自然法的规则去选择，因为人的本质、理智决定意志总是趋向善。三是"避恶行善"是自然法的第一原则，这一原则具有普遍意义，是不可改变的。尽管人在不同客观环境条件下，具体地运用这一原则时，可以有些调整和改变，但其基本内容是不变的。因为事实上人人都有要求善的自然本性倾向，人人都知道善，人有善的理智，自然趋于善，"避恶行善"是最基本的，其他道德法则都以此为基础。

"避恶行善"是自然法则中的第一原则，是其他法则的基础，但"避恶行善"这一原则过于抽象，在现实生活中什么是"善"，人的哪些具体行为是善的，也就是说，"善和恶"的具体标准是什么？托马斯认为，这是有客观标准的，因为善是人性本质所规定的，符合人的本性的行为就是善，违反人的本性就是恶。善的内容可以具体化。托马斯认为它的基本内容主要有三个方面：

---

① 《神学大全》第 2 集上册第 95 题第 2 条。

一是"就本性来说,谁都企图保存自己的存在",上帝创造了某个生命,也就意味着肯定这个生命的存在,说明珍爱自己的生命、保护自己的生命就是善,相反,摧残生命、杀害生命则是恶的。因此,保护生命避免死亡这是"避恶行善"道德法则的第一个具体命令。

二是繁育后代和养育子女。托马斯说:"人内在的另一种倾向是男女结合和教育子女。"①男女的结合和教育子女同样是人的自然性所决定,这是上帝决定人类延续生命的必然,这一本性人人都能体验到,与人的理智认识这一自然本性时,就宣布男婚女嫁,生儿育女,教育孩子以保存和发展生命的命令。这个命令是"避恶行善"的第二个具体命令。

三是"按照人所特有的理智本性,人内在还有一种关于善的倾向,即人具有自然倾向于认识有关上帝的真理和社会的生活。"②这一条命令又鲜明地反映了托马斯基督教神学的立场。因为人的本性要求理智去认识本身,去认识周围世界的一切事物,最终是要认识善,认识上帝,掌握越多关于上帝的真理,也就越接近上帝;反之,拒绝认识和研究上帝的真理则是恶的表现。另外,人的本性还要求人在一起过着互相帮助、互相关爱的社会生活,共同关心公益事业,人的生活则更加幸福。这些同样是避恶行善的原则的具体命令。托马斯认为以上三条是自然法的范例,也是自然法的主要命令和法条。因而托马斯说"从自然法的一些基本原则来说,自然法是绝对不变的"③。自然法是普遍的、绝对的。

c.神法。

托马斯认为永恒法以及其所派生的自然法,只是人类行为规范的基本原则,这些基本原则还需要作出具体的规定,才能使人的行为更

---

① 《神学大全》第2集上册第95题第2条。
② 《神学大全》第2集上册第94题第2条。
③ 《神学大全》第2集上册第94题第5条。

好地有所遵循,因而提出了神法。把神法作为伦理学的具体内容,是宗教伦理学的本质特征。

托马斯的神法可以说就是基督教教义《圣经》的翻版,不过是把《圣经》当作法律文本,教义当作法条而已。它包括《旧约》中说的,先知摩西在西奈山接受上帝启示之后,向犹太民族颁布的"十条诫命";《新约》中说的,耶稣基督作为上帝之子亲自向其门徒和信徒宣讲"福音"。他把《旧约》称为"旧法",《新约》称为"新法"或"福音法"。两者合称为神法。

有了永恒法和自然法,为什么还需要有神法呢?托马斯解释说,永恒法和自然法反映人的善的本性,而人都有善的倾向。人有了一定的社会经历后,其自然本性就会通过理智告知人什么是善,什么是恶,知道如何去做的基本原则。例如,像"避恶行善"的原则是普遍公认的,尽管可能人们对"善"的认识会有一些分歧,但坚持这个原则是一致的。但是实际情况是复杂的,虽然避恶行善大家都明白无误,可是用这一原则去评判具体情况时,就难以把握,特别是从中引申制定一些具体法时,难免会造成一些偏差和错误,导致道德观念标准的多样化。造成这种后果的根本原因在于,人是灵魂和肉体的统一体,人的灵魂有理智趋向善,但人的肉体有情欲、情感,理智要控制情欲、情感,但有时情欲、情感会摆脱理智的指导,就出现偏离善的道德准则。他说,例如,"有些人或由于情欲,或由于腐败的习俗,或由于不良的习惯,而缺乏理智,比如恺撒的《高卢战争》一书中记载,过去在日耳曼民族那里,盗窃并不认为是坏的,虽然盗窃明显地违反自然法"①。这是一种特殊情况。另外,还有些人感情用事,无视自然法,"理智可能会被贪欲或某种欲望所影响,不能把普遍的原则应用到个别事情上",

---

① 《神学大全》第2集上册第94题第4、6条。

"比如有些人不仅不谴责盗窃的罪恶,甚至连违反本性的罪恶也不谴责"①。因此,要教化人们,还需要有神法。神法较之永恒法、自然法,既有一般原则又有具体规定,人们更易于接受。例如,它要求信上帝,奉公守法,内心纯洁,完善自我,孝敬父母,尊重他人,全人类彼此相爱,等等。既至高无上又贴近现实生活,从净化灵魂入手来矫正人的行为,使理智免受一切私情的蒙蔽。托马斯特别还指出,人生目的不仅要追求现世有限的善,更重要的是要使自己的灵魂得以拯救,必须追求来世的无限的善。这仅靠现实的人的自我意识是难以做到的,必须有全能上帝的帮助,那就是照上帝启示的神法去做。根据托马斯以上论述,人之需要神法,主要可以概括为四个方面原因:一是人生最终目的在于来世的永生,单凭人的本性是无法实现的,必须依靠上帝通过先知启示的神法;二是人由于受情感、情欲等影响,可能犯错误,神法是绝对正确的,只有在任何情况下都按照神法去做,才可以避免错误;三是神法可以启迪人的理智,拯救人的灵魂,其约束力是内在的;四是神法具有普遍性、永恒性,不受时空限制,能够阻止和惩罚所有的罪恶。神法对于完善人生,不但是必须的,也是有效的。

d.人法。

所谓人法,就是世俗人间的法律。托马斯对人法的定义是:"人法是为了公共利益而由具体负责者颁布的理智的命令。"②从这个定义可以看出,人法的制定也不是人的意志随意性产物,它依然是由人的理智决定的。托马斯认为根据人的自然本性的需要,人类要完善自己,必须过集体生活,就需要建立起有利于公众利益的秩序,为使大家共同遵守这种秩序就要制定和颁布法律来规范人们的行为。

那么制定人法其基本依据是什么?托马斯认为,人法派生于自然

---

① 《神学大全》第2集上册第94题第6条。
② 《神学大全》第2集上册第90题第4条,第95题第2条。

法,以自然法为基本依据。这是因为:第一,人类社会从本质上看,是人性要求的一种自然组织,自然法则规定人类的社会生活;第二,在人类社会中,"凡是称之为公正的事,无非是它遵循了理智的准则而被认为是正直的。而理智的第一准则就是自然法。所以,一切人间法律之为法,就是因为派生于自然法"。人法绝不能违背自然法,"如果有一点违背自然法,它不再是法律,而是法律的破坏"①。

虽然人法派生于自然法,但不能把两者等同起来,人法与自然法区别在于,人法是相对的、有条件的,因为它是在特定环境下制定的,不可避免地会有不正确的地方,不能够惩罚和禁止一切恶行。而自然法则是绝对的、永恒的。因为自然法派生于永恒法,是永恒法的一部分,它绝对正确,尽善尽美,完全符合人的本性。托马斯认为,应该看到,人法的内容个别具有普遍性意义,大部分都有一定的局限性,需要根据自然法以及特定环境情况来经常加以修正,不断完善。

托马斯的法律学说从永恒法、自然法、神法到人法,体系结构宏大,内容十分庞杂,应该说凡是宗教伦理所要涉及的法的问题,他都加以详尽论证,较之以往的宗教法学理论更加完整系统。但纵观其法律学说,核心思想在于强调神法的至高无上,就是人法也贯穿着神的旨意,其渊源仍是自然法,从某种意义上讲,永恒法、自然法、人法都属于放大的神法的内容,这些法都是上帝所制定的,是神圣的。把基督教的教义赋予法的权威,来进一步强化了人们神的观念,服从教义,用来规范人们的行为,不遵从上帝启示,就是违法,强制人们服从上帝,皈依上帝,这就是托马斯宗教法律学说全部意义。

(3)社会政治观。

托马斯的形而上学哲学理论以及伦理学说,可以说是围绕着人与神、世俗与天国的关系展开的。他在神学的光照下,对人的本质、人的

---

① 《神学大全》第2集上册第90题第4条,第95题第2条。

认识能力、人的伦理道德等都作了极为详尽的分析,但人是现实的、社会的人,离开社会政治关系去抽象地谈人的问题是难以说清楚的,或者说要研究现实的社会政治关系,这是无法回避的,因而托马斯也对社会政治给予极大的关注。

①人是社会的动物。

托马斯追随亚里士多德,试图从人的自然性出发解释人与社会的关系。他说,每个被造物都有自己的目的,例如,石头总是落在地上,因为它寻找世界的中心。但只有人才会使用理性以达到自己的目的,不过,人不是仅依赖个人的理性就可以达到目的的单独个体,人天然是社会和政治的动物。一方面,人只有通过群体生活才能获得物质生活资料,满足自己的生存需要,另一方面,只有在社会生活中,通过分工合作,人们才能够获得必需的知识。人与动物相比,其社会性的最显著标志是:只有人有语言,人能够通过语言的中介来相互交流信息,包括人的思想情感,以及对各种事物的认识和看法等丰富的思想内容,为共同的社会生活提供了必要的基础条件。

托马斯认为,社会和国家出于人是社会及政治动物这一自然本性而构建,因此也符合上帝的愿望。人为了自己的生存,往往只顾及自己的利益,每个人各不相同的私人利益与要把人联系起来的社会公共利益又常常是矛盾的,为避免个人为争夺私利而无休止相互争斗,侵占和破坏公共利益,造成社会的混乱和解体,这就必须使社会拥有某种治理的原则和控制力量,犹如灵魂和肉体的关系一样,灵魂如果离开肉体,肉体就要死亡一样,社会需要有一个人为了公共的利益,去有力地指挥全社会成员的行动,协调好社会公共利益和私人利益之间的矛盾,使社会成员凝聚在一起,形成良好的公共秩序,才能保证个人的自我完善和社会的发展。托马斯指出,就像在人身上体力从属于感情和智力,感官服从智慧一样,在社会中,"才智杰出的人自然享有支配权,而智力较差但体力较强的人则看来只能为天使充当奴仆"①。托马斯从神学的立场出发,坚持君权神授的观点。他认为,人的自然性是由上帝创造的,每个人的理智也是上帝预先设定,后天的各种行为只是这种理智能力的具体展现,但这需要神的启示。因此,上帝在创造人的自然本性的同时,也为人类社会安排了君王,授予这些君王以统治尘世的权利,君王的权利来自上帝,即君权神权,那么对于为什么会产生不同的君王在治理国家能力上有极大差别的现象,有明主、贤君,也有昏王、暴君,因而有的受到公众的拥戴,有的遭到公众的反对,甚至被罢黜。对此,托马斯认为君王的理智能力来自上帝,这种理智能力展示程度,取决于他本人对理智的自我反省和接受上帝的训诫的程度。自我反省越深刻,对人的本性善的理解越深刻,对上帝的信仰越坚定,充满希望,富于仁爱之心,他的理智能力展示的就充分。反之,如果在这个过程中理智被情感、情欲所玷污,背离上帝的旨意,导致行为偏离自身的本性,最终被上帝所遗弃在所难免。一句话,全智全能的上帝主宰世间的一切。

②国家与政体。

托马斯认为国家是一群人按照自然法组成的团体,国家是完善的社会,它使用一切必要的手段,达到社会的根本目的,公共的善。至于国家的功能,托马斯认为,国家主要功能一是维护国内和平,防止战争给社会生产和生活带来破坏,为使社会保持稳定的秩序,公众能过着安宁的生活;二是统一国民行动,促进公众的和解和团结,以利于公众的共同利益;三是管理和组织社会生产,为公众提供充足的生活必需品,使公众能安居乐业,富足而幸福。在国家和教会的关系上,托马斯吸取亚里士多德的思想,强调国家在世俗社会有自己的权力,如上述的国家功能,就体现了这种权力。而教会的权力主要在人们超自然的

---

① 《反异教徒大全》第 3 卷第 81 题。

生活范围,如人的信仰、教育、人生目标、嫁娶生丧等方面。当然国家也必须同时关心人的最终目的,即对善的追求。托马斯又认为,教会的目的是引导人们追求超自然的善,即认识上帝,而国家所谋求和要实现的是公共的善,公共的善也是趋向最终的目的至善,即认识上帝。因此,教会是高于国家的,国家要听从教会的使唤,世俗君主是教皇的臣下,如若君主违背教义,就可能被逐出教会,那样臣民就不必为之效忠。在托马斯所处年代,存在着神学家坚持的"君权神授"说与罗马法学者主张的"主权民有"说两种观点的对立,托马斯企图调和两种观点,划分国家与教会的权限,但最后还是倒向教会一边,承认"君权神授"、"教会至上"。

关于国家政体问题,托马斯基本同意亚里士多德的观点,但又增添了一些民主思想。托马斯把政体区分为正义和非正义两类。他说:"如果一个自由人的社会是在为公众谋幸福的统治者的治理之下,这种政治就是正义的,是适合自由人的。相反地,如果那个社会的一切设施服从于统治者的私人利益而不服从于公共利益,这就是政治的倒行逆施,也就不再是正义了。"①根据统治者人数的多少,托马斯又区分了三种好的政体和三种坏的政体。好的政体是民主政体、贵族政体和君主政体。坏的政体有暴民政体、寡头政体和暴君政体。他还认为,最好的政体是君主政体。因为,一个社会的幸福和繁荣,关键在公众的团结一致和社会的和平与稳定。政府的团结一致才能更有利于社会的发展。那么,由多个人组成的政府,必须有一个协调一致的过程,而且很难达到完全的团结统一,"所以,与其让那必须首先达成协议的许多人实行统治,还不如由一个人来统治的好"②。君主在国家的地位犹如理智之于灵魂,心脏之于身体,蜂王之于群蜂。但托马斯不赞成

---

① 《论君主政体》第1卷第2题,第1题。
② 《论君主政体》第1卷第2题,第1题。

君主集权,因为这种理想的君主不是容易找到的。君主制是最好的理想政体,在现实中最好的政体应该是"混合君主制"或也叫"有限君主制"。他说:"在君主政治下,只有一人执掌政权;在寡头政治下,有许多人依据德性参加政府;在民主政治或平民政治下,统治者可以从人民中选出,而全体人民都有权选举他们的统治者,这些制度的适当混合就造成最好的政体,这也就是神法所规定的一种政体。"①在这种制度下,民众有权选举官吏,君主权力受民选官吏的制衡。此外,托马斯还阐发一些难能可贵的民主思想。他说:"所有人的自由生而平等,虽然其他禀赋都不平等。一个人不应像一个工具一样服从另一个人。因此,在完整的国家中没有废除属民自由的统治,只有不歧视自由的权威统治。"②尽管这类论述在托马斯整个社会政治系统中属只言片语,但从中还是可以看出,他对独裁专制主义还是持否定态度的,也许这是出于他对人的自然本性的推崇和爱好,即认为作为人,其自然性都是上帝赋予的,人人都有倾向善的内心要求,人类要互爱等。是不是可以这样说:这是在神学底蕴下萌发的民主意识。

---

① 《神学大全》第 2 集上册第 105 题第 1 条。
② 《箴言录》第 2 卷第 44 章第 1 题第 3 条。

第八章
托马斯主义的盛衰

众所周知,公元初的奥古斯丁和查士丁等教父们,利用新柏拉图主义,建立了教父哲学,并且作为基督教的正统哲学达千年之久。12世纪,在罗马教廷的支持下,以托马斯·阿奎那为主要代表的一批神学哲学家,改用亚里士多德的哲学,创建了托马斯主义,从而把基督教哲学推向新高潮。自17世纪自然科学兴起之后,新托马斯主义又使得实际上消失了的托马斯主义在本世纪上半叶逐渐复活。从奥古斯丁到托马斯·阿奎那再到新托马斯主义者,反映了哲学传统在社会的特殊领域从柏拉图主义、亚里士多德主义到现代西方哲学流派的连续性。

1. 终年 49 岁之后的 49 年

　　托马斯·阿奎那在世 49 年,终生为基督教信仰进行哲学说教,创建了有时代特色的独树一帜的托马斯主义。然而,托马斯主义在当时的基督教会中并没有确立起应有的地位,而是在经历了 49 年反反复复的争斗之后,才获得了基督教唯一正统哲学的殊荣。

　　托马斯·阿奎那生前虽然受到了教皇的赏识和重用,但他的学说没有被树立起绝对的权威。他对以往的基督教正统理论——奥古斯丁主义的改造,言词是温和的,方式是调和的,态度是诚恳的,理论上也不是根本对立的,但是仍然遭到了顽固保守派的强烈反对,被指责为违背基督教传统,篡改基本理论,散布异端邪说。在他逝世之后,斗争并没有因此结束,反而变得越加激烈,发展到白热化的程度。

　　早在 1270 年,巴黎主教唐比埃颁布了第一道禁令,把受谴责的 13 个观点一一列举出来,这 13 个观点没有涉及托马斯·阿奎那,但是还是有人极力想把指责的对象引到托马斯·阿奎那身上。如:有人说托马斯·阿奎那关于形式和质料统一性的说法违反了古圣徒特别是奥古斯丁的学说;还有的人从托马斯·阿奎那的著述和讲授中挑选出 15 个观点(其中的 13 条与巴黎主教谴责的 13 个观点相同),名为“巴黎名教授的 15 个论点”,寄给大阿尔伯特,要其对自己的学生“表态”。

　　1277 年,教皇约翰二十一世指示唐比埃调查巴黎大学中流行的错误,唐比埃组织了一个由 16 位神学家组成的调查委员会,根据调查结果,唐比埃特意选在 1277 年 3 月 7 日托马斯·阿奎那逝世 3 周年纪念的日子,召集巴黎大学神学教授们举行会议,通过谴责亚里士多德的决议,他在会上具体宣布了一道禁止 219 个命题在学校讲授的公开信,这就是"77 禁令"。在被禁止的观点中,有的是不符合基督教教义的,但多数是与教义无关的哲学观点,有亚里士多德的,有教外阿威罗伊学派的,还有街市传闻,其中也有托马斯·阿奎那讲过的论点,如"物质是个体化的因素"、"意志行为基于理智判断"。"77 禁令"颁布 11 天后,英国教会中拥有最高权威的大主教吉尔瓦比积极响应。吉尔瓦比虽然与托马斯·阿奎那一样,都是多米尼克修会会士,但他反对亚里士多德主义,顽固坚持奥古斯丁主义。他仿效巴黎主教,召集英国牛津大学的教授们,颁布了谴责 30 个命题的禁令,其中的一半是与托马斯·阿奎那有关的。如"人是由灵魂与肉体组成的统一实体"等。

唐比埃和吉尔瓦比的举动,助长了顽固派的气焰。顽固派一方面攻击所谓真正坚持亚里士多德主义的教外的阿威罗依学派,但主要矛头对准了托马斯·阿奎那及其学说。这时,巴黎和牛津大学掀起了颇有声势的反托马斯主义的浪潮,经常对托马斯·阿奎那进行缺席批判。大阿尔伯特对学生死后的如此处境极为愤慨,他不顾年迈体弱,专程从科隆赶到巴黎,为其宠爱的弟子辩护,陈述在阐释亚里士多德主义问题上托马斯·阿奎那同阿威罗伊主义的区别,列举弟子在维护基督教信仰、变革经院哲学方面的独特贡献,但终因寡不敌众,未能如愿。从此大阿尔伯特闭门谢客,不久便离开人世。

其实,托马斯·阿奎那在当时是受到了两个方面的责难:神学家认为他为物质闯入信仰领域铺路开门,推翻了圣奥古斯丁思想的所有基础;所谓真正的亚里士多德派——阿威罗伊学派则认为他把亚里士多德哲学引申到基督教信仰,是超出了亚里士多德学说的范围,曲解了亚里士多德的思想。不仅如此,早就与多米尼克修会有矛盾的法兰西斯修会也热衷于趁火打劫,开始编著批判托马斯主义的著作。1279

年,法兰西斯派的威廉编写了《纠正托马斯》一书,书中从托马斯·阿奎那的《神学大全》和其他著作、文章中挑选出了 117 个论点,逐一进行批判。1282 年 5 月 17 日,法兰西斯修会召开大会,以决一雌雄的态势,向多米尼克修会公开宣战,大会号召全体法兰西斯会士对托马斯学说展开大批判,并且告诫会士,不准翻阅和收存托马斯·阿奎那的书。

当时的学术之争,实质上变成了修会之间的权力之争。多米尼克修会不甘示弱,他们为了修会的利益与法兰西斯修会展开了针锋相对的斗争。首先是于 1278 年召开大会,毅然举起托马斯主义的旗帜,通过了托马斯·阿奎那是本修会全体修士学习榜样的决议,并且严厉谴责吉尔瓦比做了一件极不光彩、极不明智和极不负责任的蠢事。之后,多米尼克修会又先后于 1279 年和 1286 年召开大会,商定宣传托马斯主义的方针、政策和策略,发布了严禁对托马斯学说作任何诬蔑和诽谤的旨令。特别是 1309 年在科隆召开的大会上,多米尼克修会直截了当地宣布托马斯主义没有错误,托马斯主义是基督教神学学术研究的指南,并且号召全体会士更广泛更深入地宣传托马斯主义。这时候,分布在各地的多米尼克修会会士积极响应上级的号召,即刻行动起来,掀起了回击反对派,为托马斯主义作辩护、做宣传的热潮。有的以《维护真理,反对毁谤》为题,专门论证阐述托马斯主义的价值,有的针对法兰西斯派对《灵魂与肉体的统一性》的批判进行反击;他们刻意使用"纠正"一词,回击法兰西斯派,出版了不少类似《纠正歪曲托马斯》题目的文章和著作,所有这些,都为托马斯主义的正名、推广、确立起了很大的推动作用。

在复杂的矛盾和激烈的斗争中,托马斯主义获得了优势,这当然与多米尼克修会及其会士的努力是分不开的。但主要是托马斯主义本身符合当时形势,顺应历史潮流,反映了基督教会改革与发展的要求,同奥古斯丁主义相比,有明显的合理性、吸引力和生机。因而能够为教会和广大神职人员所接受。几年间,涌现出了一大批托马斯主义的拥护者、追随者、研究者和宣传者。

罗马教廷迫于形势,于1311—1312年间在维也纳召开会议,反复讨论、比较,权衡利弊,精心选择,最后肯定了托马斯·阿奎那学说的价值和意义,批驳了反对派特别是顽固坚持奥古斯丁主义的保守派的观点和立场,罗马教会最高当局正式表态,赞同和支持托马斯主义。

1323年7月18日,逝世49年后的托马斯·阿奎那被教皇约翰二十二世册封为"圣者",并且评价为"黎明前的星辰,照亮整个教会","托马斯给教会的贡献,超过所有的学者","托马斯著作中的每一个字句都包含着无比的力量","托马斯的学说是无与伦比的"[①]等。托马斯·阿奎那本人及其学说在基督教会具有了极高的威望和权威性。

与此同时,教皇关押了在英国的法兰西斯修会士、经院哲学家奥卡姆,论战暂时平息下来。接着,巴黎的继任主教也表示服从教皇,撤销了前任对托马斯主义的所有谴责和禁令,并声明"托马斯从未相信、传播和著述过违背信仰教义的学说"。巴黎大学顿时发生180度大转变,把"万世师表"、"万能博士"等桂冠相继加到了托马斯·阿奎那的头上。托马斯主义开始进入繁荣、鼎盛时期。

---

① 傅乐安:《托马斯·阿奎那传》,河北人民出版社1997年版,第188页。

2. 新托马斯主义

1879 年,教皇利奥十三发布《永恒之父》通谕,标志着新托马斯主义的正式诞生。

19 世纪中期,欧洲资本主义制度的最后确立,资产阶级和无产阶级的矛盾已发展成为社会的主要矛盾。无产阶级已由资产阶级的"附庸"变成了一支独立的政治力量,无产阶级反对资产阶级剥削和压迫的斗争已发展成为推翻资本主义制度、建立社会主义制度的斗争。这时,建立无产阶级革命的理论体系已成为社会发展的迫切要求。无产阶级的革命导师马克思和恩格斯正是适应这种需要,总结了无产阶级革命斗争的经验,批判地继承了以往哲学,特别是德国古典哲学的优秀遗产,概括和吸取了当代自然科学发展的新成就,创立了马克思主义哲学。马克思主义哲学是最革命、最科学的哲学,它把彻底的唯物主义和革命辩证法统一起来,克服了以往所有哲学的局限性,是哲学发展中的质的飞跃,是人类认识史上的空前大革命。几乎与此同时,西方资产阶级哲学也产生了。马克思早就指出,宗教是麻醉人民的鸦片,从来的反动统治阶级都是利用宗教来统治和愚弄人民。当资产阶级尚是一个反封建的、新兴的革命阶级时,他们也曾批判过宗教。但是,剥削阶级的性质使他们即使在其革命时期也不可能有彻底的反宗教要求。而当他们取得了政权,成为统治阶级时,他们就更迫切地需要宗教了,在哲学上也就同经院哲学同流合污了。列宁指出:"当权的资产阶级由于惧怕日益成长壮大的无产阶级而支持一切落后的、垂死的中世纪的东西。衰老的资产阶级与一切衰败了的和正在衰败的势力联合起来,以求保存陷于动摇状态的雇佣奴隶制。"①另外,在资本主义社会中,劳动人民承受着各种灾难和痛苦,诸如战争的恐怖,各种社会危机,法西斯式的暴力镇压,民主、自由权力被无情践踏,失业、饥饿甚至死亡的威胁等,无时无刻不在逼迫着他们。当他们还没有树立起科学世界观,尚未明确自己解放的道路和斗争的前途之前,他们对这一切是不能作出正确解释的,他们对自己的遭遇悲观失望,希望得救,牧师、神父以及新托马斯主义者之类的神学唯心主义者所吹捧的万能的上帝,就可能在他们之中找到市场。列宁在 70 多年前就曾指出:"劳动群众所受到的社会的压抑在时时刻刻给普通劳动人民带来最可怕的灾难、最残酷的折磨(比战争、地震等任何非常事件厉害 1000 倍)的资本主义盲目势力面前,他们觉得似乎毫无办法……这就是目前宗教最深刻的根源。"②新托马斯主义就是在这样的社会阶级条件下产生的。

从自然科学的发展来看,随着资本主义在西欧的确立,自然科学在 19 世纪也得到了迅猛的发展。科学的发展总是给以信仰为宗旨的基督教制造麻烦,任何一项新的科学发展都会给基督教信仰投向一把致命的匕首,托马斯主义以往那种协调科学与宗教的办法似乎不灵验了。一时间,基督教被各种科学新发现弄得措手不及,又陷入了困难重重、动荡不安的时期。为了挽救基督教的危机,教会中不少有识之士献计献策,为基督教理论设计新的蓝图。利奥十三要求教会人员"不要害怕科学,要把研究科学作为自己的责任,避免人们利用科学知识的进步反对信仰的真理性"③。吉尔文在《科学问题杂志》上说,对于

---

① 《列宁全集》第 2 卷,人民出版社 1972 年版,第 449、378—379 页。
② 《列宁全集》第 2 卷,人民出版社 1972 年版,第 449、378—379 页。
③ 利奥十三:《1889 年 11 月 8 日致马里总主教教廷公函》。

科学发现,"我们常常采取死板的反对态度",其实,"由于某个科学理论受到一些唯物主义者或自由主义思想者热烈欢迎,我们便把这一孤立的事情看作专门毁灭启示和基督教信条的东西加以反驳,这样的辩护是拙劣的"。巴黎的一名主教也提出:"我们不否认在进化论中有深奥的东西,我们甚至想把它变成我们的主张。的确,只要承认上帝是存在的本质和发展的终结,承认在进化的整个过程中,上帝在指挥并支持它演变,进化论是可以接受的。"[①]为了科学和宗教的结合,基督教当局成立了"罗马教廷科学院",并邀请著名科学家讲学,他们还从事科学研究,建立科学家团体,组织各种国际科学会议,出版科学理论刊物等。新托马斯主义者力图一方面承认科学研究的重要性和客观性,同时又把各种物质运动的最终原因归结为上帝,以摆脱基督教理论面临的困境。从思想渊源上看,新托马斯主义从名称到基本理论,都承袭了托马斯·阿奎那的衣钵,提出了所谓批判论的实在主义观点,用托马斯·阿奎那、笛卡尔、康德式的理性主义来解释宗教和科学的关系,竭力把神学和自然科学结合起来。一时间,复活托马斯主义成了一股颇有影响的潮流。

1878 年,利奥十三这位有政治家风采的教皇,面对当时新的动向和潮流,刚刚登上教皇宝座,就颁布了《不可思议》通谕,号召全世界教徒,回到托马斯主义,并且宣称对待当时新出现的各种问题时,托马斯·阿奎那的学说永远有效。

1879 年 8 月 4 日,利奥十三又发表了《永恒之父》通谕,宣告"必须按照托马斯·阿奎那的思想重建基督教哲学",并且把托马斯主义规定为天主教的"唯一真正哲学"。通谕发表之后,他又采取了一系列相应的措施。1880 年 5 月 8 日正式成立了"托马斯学院"作为复活托马斯主义的活动场所。同年 8 月,又宣布托马斯·阿奎那为哲学界"最

---

① 　傅乐安:《托马斯·阿奎那传》,河北人民出版社 1997 年版,第 199 页。

高权威"。与此同时,这位教皇又责成多米尼克修会再次全面修订托马斯·阿奎那的所有著作,重新出版了 8 开本《托马斯全集》共 48 卷(通称利奥版)。利奥十三还发布公函,指令比利时总主教马里在卢汶大学首开托马斯·阿奎那哲学的特别讲座,并于 1882 年推荐神父、神学博士曼尔西埃主持讲座,从此,曼尔西埃成了复活托马斯主义的重要人物。他一方面亲自聆听教皇关于复活托马斯主义的各项具体旨意,另一方面又为教皇出谋划策,很快组织起以他为首的讲学团体,正式讲授"托马斯·阿奎那高等哲学课程"。曼尔西埃利用教皇指令下所拨的 15 万法朗,把卢汶高等哲学研究所办成了国际性的托马斯主义研究中心。罗马教皇又开动各种宣传机器扩大影响,使托马斯主义得以还魂。

利奥十三不仅从组织上采取了一系列具体措施,而且又从理论上规定了复活托马斯主义的宗旨,他根据当时自然科学的发展,规定必须使老托马斯主义现代化。他强调,务必使"13 世纪经院哲学之王"、"天使博士托马斯·阿奎那的经院哲学原理"同现代科学的发展"结合起来",要学会运用"推陈出新"的公式,以避免被指控为"教会专门散布蒙昧无知"和"教会是痛恶科学的"。① 他告诫经院哲学工作者一定要改变过去在老托马斯影响下那种使"天主教徒自己同科学对立起来、采取怀疑甚至无所谓的态度",因为这种态度"是作茧自缚","是不利于信仰的"。

曼尔西埃积极推行教皇的上述旨意,表示"作为现代托马斯主义的捍卫者,一方面应当尽量利用一些新的依据,另一方面应努力使托马斯的基本原理不断地体现现代化科学的研究成果"②。在这种情况下,新托马斯主义者们在"卢汶高等哲学研究所"建立起了物理学实验

① 利奥十三:《1889 年 11 月 8 日致马里总主教教廷公函》。
② 曼尔西埃:《十九世纪哲学总结》,转引自全增嘏主编:《西方哲学史》(下册),上海人民出版社 1985 年版,第 717 页。

室、心理学实验室等各种科学实验室,进行自然科学研究。他们还先后创办了一批新托马斯主义刊物:西班牙的《神圣的托马斯——哲学与神学注释》(1880 年),德国的《哲学与思辨神学杂志》(1880 年)、《哲学杂志》(1888 年),罗马的《罗马托马斯·阿奎那学院》(1888 年),法国的《托马斯主义评论》(1893 年)和被罗马教皇规定为机关刊物的《新经院哲学评论》(1894 年)等。

由此可以认为,利奥十三即是中世纪经院哲学的最后一个托马斯主义者,又是现代经院哲学的第一个新托马斯主义者。而利奥十三的忠实追随者曼尔西埃则是新托马斯主义的创始人。

新托马斯主义作为一个宗教哲学流派,是托马斯·阿奎那的思想在当代的继续和创新,主要流行于意大利、西班牙、法国、比利时、德国和美洲大陆一些信仰基督教的国家和地区。早期的代表人物有比利时神父、红衣主教曼尔西埃,后来的主要代表是法国的马里坦、吉尔松、夏尔丹,英国的柯普斯敦,瑞士的波享斯基,奥地利的威特尔,美国的布尔克等。

新托马斯主义是一个庞杂的理论体系,这个理论的研究对象是上帝,其出发点和落脚点还是上帝,上帝是这个体系的无可非议的核心。美国新托马斯主义者布尔克曾公开宣称:"这种哲学若不以上帝作为一切实在和活动的基础,就会垮台。"事实也是如此,新托马斯主义的本体论、认识论、伦理学和社会学说,无一不是围绕基督教神学的上帝而展开的。

(1)新托马斯主义的本体论——"存在之作为存在"。

第一,"存在之作为存在"的含义。新托马斯主义者认为,从"可理解性"角度看,"存在之作为存在"是本质的;从存在性的角度看,"存在之作为存在"是实体;从变化的角度看,"存在之作为存在"是现实。这里最重要的是,"存在之作为存在"是本质,其他都是由此引申出来的。新托马斯主义者所说的本质,不是我们所理解的客观事物自身必然性、内部联系和内在规律,而"本质就是思想对象本身",是超出具体的、现实的客观事物之上独立存在的精神实体。那么,什么是新托马斯主义的"存在之作为存在"呢?马里坦说,它"是一种感性本质隔离和分割开来了的存在,是看作本身并作为纯理智价值而分离出来的存在"。即是说,这种存在根本不是客观世界中具体的感性存在物,而是与物质存在相隔绝的纯粹精神存在物。

第二,"存在之作为存在"是本体论的对象。马里坦说:"哲学是一门借助理性的自然之光来研究一切事物的第一因或最高原理的科学。"①新托马斯主义作为一个哲学流派,把神学和哲学统一起来,在解决世界的本质和本源、思维和存在的关系问题时,把信仰和理性结合起来,竭力用哲学语言、思维逻辑大谈本体论——形而上学。他们把形而上学的本体原则贯穿在自己的哲学体系中,来论述上帝与世界的关系,并且把上帝与世界的关系问题,规定为哲学的基本问题。新托马斯主义者为了适合时代潮流,利用现代各种科学成果。好比建筑师有了图纸,再加上原料,就可以结构出房子,质料没有任何物体的形式,只有依靠形式而定型和获得意义。即是说,形式给质料以规定,形式是质料的原则,好比肉体(质料)+人性(形式)=人。如果没有人性形式,单有肉体就不成其为人。在这里,他们歪曲了亚里士多德的形而上学理论,渲染了其唯心主义部分,为基督教神学进行辩护,认为形而上学的对象不是客观物质世界,而是极其深奥玄虚的"存在之作为存在",即本体论的对象成了单纯的"存在",绝对的"存在",脱离一切感觉性质的"纯粹的理解的价值"。

第三,本体论的存在与非本体论的存在。新托马斯主义以存在本身为对象,又把本质论分为两大类:非本体论的存在和本体论的存在。所谓非本体论的存在,即无生命的物质存在。这种存在是处于较低层

---

① 马里坦:《哲学概论》,巴黎 1920 年英文版,第 108 页。

次的、缺乏独立性的存在,是偶然的、短暂的存在。这种存在在上帝尚未赋予它们灵魂之前,只是一种潜在的、可能的存在。所谓本体论的存在,是超验的普遍的存在,是超时间、超自然的绝对实体,是"自在地存在着的存在,一种完满意义上的存在",也就是上帝。并且认为非本体论的存在依赖于本体论的存在,通过本体论的存在,才能从一种潜在的可能变为现实。这样,新托马斯主义关于存在的理论就归结为一切存在的源泉都是上帝的神学唯心主义结论。这就是新托马斯主义全部哲学的基本前提和归宿。

第四,上帝是最高的存在。论证上帝的存在,是一切基督教哲学的根本任务,当然也是新托马斯主义的基本内容。新托马斯主义者承袭了他们前辈们关于上帝的"宇宙论的证明"、"本体论的证明"、"目的论的证明"、"理性方法的证明",同时又看到,托马斯·阿奎那以及其他中世纪经院哲学家们的证明,已经被18世纪的唯物主义者们批得声名狼藉。他们也认识到,当前的时代与中世纪毕竟不相同了,仅仅强调托马斯主义的证明是"活的和现代的"是不够的,还必须对上帝的存在提出"现代"的论据。这些"现代"论据主要有:①马里坦的"再发现",其基本内容是,人们首先"直觉"到在自身之外存在着无情的、冷酷的、坚实的、不可抗拒的现实。其次,"直觉"到个人的存在极易陷入孤零、空虚、软弱甚至死亡。再次,"直觉"到个人无情的现实背后有一个绝对的、无可争辩的存在,这就是上帝。马里坦的这个"再发现",就是把个人在客观现实面前无能为力,不得不顺从不可抗拒的现实,来证明有限的个人之外必然存在着一个无限的上帝,因此,个人为了得救就必须皈依上帝。②法国神父戴亚尔的证明,他力图把进化论同基督教教义统一起来,把进化论分为宇宙生成、生物生成、人类生存、心智生存等几个阶段,提出随着大脑的进化,动物的智慧不断上升,以致进化到人,人类再进化进入超意识和超个人的境界,这实际上就是上帝的境界。他指出:"通过进化论的新人道主义所预感到的超人的完成就会与所有基督教徒所等待的耶稣降世的实现具体地吻合了。"①

(2)新托马斯主义的认识论——"理智主义"。

第一,对认识主体的解释。他们承认人的理智可以认识世界,肯定自然科学能够揭示自然规律,也认为人们可以运用自然科学知识改造世界,使之服从于人的目的。然而,他们认为这一切都是以上帝恩赐为前提的,人的认识能力是上帝赋予人的灵魂的属性,他们承认,包括他们自己在内的一切人的身体都是父母所生,是由摄取营养物质所长的,因此肉体不是灵魂创造的。但是他们又反问道:能说人的灵魂也是由双亲所生吗? 灵魂是非物质的东西,不可能像肉体的东西那样,分解为最小的细胞、原子,谁也不能把双亲灵魂分解成细胞、原子,用它们来构成婴儿的灵魂。因此,人的灵魂不是由父母所生的,也不是由营养物质所长的。那么人的灵魂是怎样产生的呢? 美国新托马斯主义者布尔克说:"对于非物质性的灵魂的起源的唯一解释是认为它是上帝创造的。"即是说,人的灵魂是上帝早就创造好了的,待人的肉体出生时,才把其结合到肉体之中,正是由于灵魂置于肉体之中,才使人成其为人,使人成为具有理智、能够认识周围事物的认识主体。

第二,对感性认识和理性认识的阐述。马里坦说:"观念事实上是我们从感觉和形象中抽出来的……我们除了通过与事物直接接触的感官外,是没有别的办法从事物引出观念来的。我们只要注意一下一个小孩的心理发展,就会深信我们的一切认识都是从感官开始。所以理智认识(通过观念的认识)毫无疑问必定是得自感觉的认识的。"②他们进一步指出,人的感觉功能又是有限的,感官上得到的只是对单一

---

① 刘放桐等著:《现代西方哲学》,人民出版社 1981 年版,第 351—352 页。

② 《西方现代资产阶级哲学论著选辑》,商务印书馆 1964 年版,第 425—426 页。

东西的了解,只能感知一个东西的形状、大小、高低、颜色等,不能完成一个抽象的认识过程。而理性得到的知识则是普遍性的知识,它克服了感性的局限性,从而获得事物的观念。这种认识当然是可贵的。然而,他们进一步解释却走向了信仰主义。马里坦说,观念"不能给予我们任何带有个体性的对象的认识","不是什么对感觉或形象进行结合或提炼的结果"[①]。他们把感觉对象的个别和理性对象的一般割裂开来,把他们看作是两个根本对立的领域,认为感觉的对象是没有一般内容的个别,理性的对象是没有个别内容的一般。

第三,把人类知识分为三个等级。新托马斯主义者把人类知识分为科学、哲学和神学,并且认为科学所提供的知识仅限于有形的躯壳之外,探索不到躯壳所掩盖着的真正的精神本质,这种知识是不可靠的;哲学属于理性知识,有资格管理和判断一切科学,但还不是最高的层次;神学具有至高无上的权力。在这三个等级的知识中,科学和哲学是"理性认识",神学则是"超理性知识或信仰"的知识。这种信仰高于理性、高于科学的观点,在人类认识的来源上,最终否定了人的社会实践活动,肯定了上帝的"理智之光"的地位和作用。

(3)新托马斯主义的伦理社会学说——"以神为中心的人道主义"。

第一,以"以神为中心的人道主义"代替"以人为中心的人道主义"。新托马斯主义者观察到了资本主义制度下的罪恶和民众的苦难,也从神学的角度看到了资本主义制度人道主义的虚伪性,想挽救社会的危亡、解脱个人之苦痛。马里坦说,教会过去"帮助了欧洲的社会塑造",今天也有责任"凭借着那种被公认为属于教会的道德权威,来帮助我们拯救受威胁的文明,来帮助我们对世界进行改造,来帮助新的秩序降临"。但由于他们的唯心主义世界观和资产阶级

---

① 《西方现代资产阶级哲学论著选辑》,商务印书馆1964年版,第426页。

的立场,不可能看清问题的实质和解决问题的科学途径。他们认为,人们之所以发生分裂与隔阂,人类社会之所以发生各种冲突和危机甚至面临毁灭的威胁,人们之所以遭到各种不幸和痛苦,贫富之间的仇视、嫉妒,个人之感到孤独,受到压抑和挫折,人们普遍存在的悲观失望、消沉颓废情绪以及腐化堕落、道德败坏等倾向,其原因不在于社会的经济制度,而在于人身内部的精神失调。马里坦进一步解释说:"现代世界的一个最严重的毛病是二元论,亦即神圣的东西与世俗的东西的分裂。世俗的东西属于社会生活、经济生活和政治生活的范围,完全受肉欲规律的支配,离开福音的要求很远,其结果与福音愈来愈不能生活在一起。"[①]这无非是说,现代社会中一切社会问题的根源在于丢掉了上帝,把基督教伦理变成空话了。所以,新托马斯主义提出的办法是"人要享受被爱的权利,然而这种权利只能从上帝身上得到","对人的信仰如果建立在超人的信仰上,就会得到再生"[②]。在道德行为规范方面,他们提倡正义、平等、良心,提倡人与人之间兄弟般的爱,反对过分欺诈、陷害、谋杀、劫掠等不正当行为,力图同现代资产阶级中某些赤裸裸的非道德主义划清界限。提出,作为一个道德的人必须是一个行善的人。马里坦说:"福音与教会教导人们尊重人格、尊重人生、尊重良心、尊重贫困、尊重妇女的尊严、婚姻的神圣、工作的高尚、自由的价值、每个灵魂的无限价值以及各个种族、各种地位的人在上帝面前的本质的一律平等。"[③]他们的这些主张由于撇开了具体的社会历史条件,必然是抽象、空洞的说教,而且把人的道德行为归结成了"永恒规律的体现,是作为世界的基础的上帝的计划的表现"。

第二,否认"历史科学",赞同"历史哲学"。在新托马斯主义的理

---

① 《西方现代资产阶级哲学论著选辑》,商务印书馆1964年版,第416页。
② 《西方现代资产阶级哲学论著选辑》,商务印书馆1964年版,第415—416页。
③ 《西方现代资产阶级哲学论著选辑》,商务印书馆1964年版,第407页。

论体系中,社会学说往往被当作伦理学的分支。在他们看来,人的道德和行为,人与人的关系,人类社会的形成和发展都是以对上帝的归顺为绝对目的,这就从社会伦理道德直接引出了社会政治理论。在社会的构成问题上,他们指出"本来意义上的社会,即人类社会,乃是由一些个人组成的社会……社会的单位就是个人"。而构成社会单位的个人,不是一切社会关系的总和,人是现实的,他是一种与上帝相通的精神实体。在历史发展的问题上,提出上帝以及上帝在尘世间的代表基督教会,是社会发展的决定因素。"福音在历史上突然出现……促进了历史的运动,并给他指出了方向。"[1]在社会改革问题上,新托马斯主义者不反对社会改革,他们之中有些人甚至直接反对资本主义制度,关心穷人的命运。马里坦说:"劳动阶层有权进行社会变革,以适应他们在人类历史上达到成熟阶段的需要。"[2]"教会的使命使它的心永远和穷人在一起,它总是在穷人中间找到它的力量的真正源泉。"[3]所有这些,从本质上讲,都是维护垄断资产阶级根本利益的,而且他们的社会理论基本上是神学历史观。因此,在他们看来,根本不存在什么"历史科学",而只有"历史哲学"。

综上所述,新托马斯主义一方面是承袭了托马斯·阿奎那的学说,另一方面又有不同于老托马斯主义的新特点,并且在一定程度上适应当时社会的客观潮流,促进了社会和人类思维的进步。这主要表现在:

第一,论证科学和宗教的一致性,在一定程度上促进了自然科学知识的普及。同老托马斯主义者一样,他们最终使科学服从宗教,但他们不是把二者对立起来,而是去调和两者的对立,肯定科学和信仰不会发生矛盾,从而论证二者的统一性。他们号召人们运用理性的方

---

① 《西方现代资产阶级哲学论著选辑》,商务印书馆 1964 年版,第 404 页。
② 《西方现代资产阶级哲学论著选辑》,商务印书馆 1964 年版,第 419 页。
③ 《西方现代资产阶级哲学论著选辑》,商务印书馆 1964 年版,第 410 页。

法去研究现代科学技术,他们其中的不少人甚至深入到了现代科学技术的各个专门领域。这些人利用现代科学诸如量子力学、天体物理学、生物学、人类学、现代天文学等来为神学服务,尽力消除科学和神学的冲突。如:有的从爱因斯坦的相对论中推导出宇宙在空间的有限性,把开普勒的红移效应实验看成是宇宙空间有限的实验证明;有的从宇宙尘埃的存在推论出宇宙的毁灭和世界末日的降临;有的把人类学研究的新成果同亚当和夏娃联系在一起等。所有这些,从客观上都促进了科学的普及和发展。

第二,论证理性与信仰的一致性,为经院哲学传统注入生机。新托马斯主义者贯彻和体现了教皇的决策和政策,又吸收现代科学、哲学的成果,断言理性和信仰之间不存在矛盾,他们强调,二者的最终原因是同一的,真理只有一个,所谓理性真理和客观真理,实质上是两种客观知识,它们都来自同一个原因和同一个真理,因而二者都不可偏废,否则就会重演中世纪的双重真理论,而陷于理性与信仰相对立的二元论。在当时基督教哲学处于低潮、信仰陷入危机的情况下,他们的一系列论证,不仅确立了经院哲学的传统,而且使中世纪哲学获得了与古代哲学和近代哲学的相匹配的平等地位。

第三,创新了论证方法,使人类思维传统得以延续。他们在论证上帝的存在时,除了沿袭老托马斯主义者的论证方法外,又用现代西方社会中所存在的矛盾和危机,用西方社会中人的异化和现代科学技术的进步,都作为上帝存在的新论据。他们运用经院哲学的形而上学传统,把"存在之为存在"的传统意义归结为本质、实体和实在,从而突出了托马斯·阿奎那学说中存在与本质的区别。在逻辑方面,使用经院哲学的方法在逻辑领域进行了开创性的工作,并且把逻辑学作为基督教哲学研究的出发点。在哲学对象的研究问题上,他们采纳了经院哲学的传统观点,却没有搬用其方法,康德的先验论证方法、胡塞尔的现象学方法以及英美哲学的逻辑分析方法都被吸收进去。所有这些论证方法,新托马斯主义都是具有创造性的。

第四,强调的人的尊严,赞成信仰自由。新托马斯主义者是资本主义制度的维护者,也强调人对神的臣服。但他们又主张社会进步和改革,提倡人道主义,要求维护人的自由和尊严,发扬人的个性。他们也改变了中世纪基督教神学家对异端、异教的敌视,赞成宗教上的宽容,甚至信仰自由。

新托马斯主义一产生,就在各资本主义国家广泛传播开来,在两次世界大战期间,特别是第二次世界大战后最为活跃,并成为罗马天主教会唯一的官方哲学。1917 年梵蒂冈公布的《教会法典》中规定:"教师必须根据并牢记天使博士的理论、原理和原则,进行哲学和神学教学。"接着,瑞士和意大利的不少大学都成了研究和宣传新托马斯主义的重要阵地,多伦多成立了中世纪哲学研究所,墨西哥有托马斯研究中心,连新加坡、马尼拉也有关于托马斯的组织机构。据统计,从 19 世纪末到 20 世纪中叶,世界各地有 2000 余所基督教的大专院校和修道院设有新托马斯主义课程,如修道院规定:2年时间学习托马斯哲学,4 年时间学习托马斯神学。这个时期关于新托马斯主义的书刊也达到了 15000 多种。总之,凡是信仰基督教的国家和地区都有新托马斯主义的宣传阵地。新托马斯主义如雨后春笋传遍全世界。

3. 托马斯主义的当代形态

也许是历史巧合,托马斯·阿奎那在 13 世纪的下半个世纪,创立了托马斯主义。之后经过了半个世纪的争斗,才确立了其基督教正统哲学的地位。而新托马斯主义自 20 世纪 20 年代至 70 年代,也仅仅活跃了半个世纪。

1983 年出版的教会法典,已经删掉了原来关于托马斯主义的法律条款。就在这个时期前后,所有基督教大学里的托马斯主义课程被哲学史所代替,托马斯主义的研究宣传机构有的名存实亡,有的成了查阅和整理资料的事务性机构。就连基督教会内部的人士也不得不承认:"天主教里僵化了的经院哲学被人们摈弃了",新托马斯主义"即使没有全部被埋没,至少也是被打入冷宫了"①。

究其衰落的主要原因,一是现代西方哲学中"非意识形态化"趋向的冲击,新托马斯主义很难维持其在基督教意识形态的地位;二是 20 世纪西方哲学处于全面危机之中,在这一总趋势之中基督教哲学也不可能长久繁荣。当然这些原因都是由当时的社会历史条件决定的。

总的来说,基督教哲学是西方文化中必不可少的,基督教是西方发展的精神动力和创造源泉,是欧洲文化统一的基础,西方的成就主要归功于这一统一的精神。著名诗人和文艺评论家艾略特说:"一个

---

① 《神学论集》,台北光启出版社 1985 年版,第 63 期。

欧洲人可以不相信基督教信念的真实性,然而他的言谈举止却都逃不出基督教文化的传统,并且依赖于那种文化才有意义……如果基督教消失了,我们的整个文化也将消失。接着你便不得不痛苦地从头开始,并且你也不可能提得出一套现成的新文化来。你必须等到青草长高,羊吃了青草长出毛,你才能用羊毛制作新大衣。你必须经过若干世纪的野蛮状态。"①就是到了近代的资本主义,其精神文化包含着两个相互制约的方面:"禁欲苦行"、"贪婪攫取"。前者作为"宗教冲动力"造就了资产者刻苦创业、谨慎持家和精打细算的品格,后者则作为"经济冲动力"铸造了资产者开疆拓土、征服自然和敢于冒险的精神。二者结合共同作用于资本主义的创立和发展。事实上,基督教文化在西方文化中有双重性格,一是有与近代民主和科学相对立的一面,这种对立随着教会权威的衰落而逐步崩溃了。二是作为价值之源的基督教精神,经过宗教改革之后,为近代西方社会的民主、法制以及资本主义经济、政治和科技文化的发展提供了一个重要的精神动力。

可是,当基督教推动了资本主义现代化的发展之后,西方的世界变得日益世俗化、现实化、功利化、消费化、享乐化和商人化了。随之而来的是信仰的宗教之源越来越被忽视甚至被遗弃,人们不断地膨胀自我以代替上帝,越来越不接近宗教信条的约束,否认神的存在似乎成了时尚。这种资本主义自身不可克服的矛盾、价值危机和信仰危机,人们精神世界的世俗化所导致的神圣性、超验性、终极性意义的衰微,无疑对基督教发出了严重挑战,严重威胁着基督教信仰。

1962—1965 年,罗马教廷召开了梵蒂冈第二届大会,这次盛况空前的大会,有 14 个国家和地区的代表共 3000 多人参加,其中哲学家和神学家就有 400 多人。会议通过总结过去,分析现状,共商对策,最后决议要赶上时代潮流,实现基督教哲学"现代化"。在大会发的 16

---

① 艾略特:《基督教与文化》,四川人民出版社 1989 年版,第 205—206 页。

个文件中,一致号召教会工作者要结合当时的社会现象和实际情况去宣传基督教信仰,"历代的经验、科学的进步和潜在于各种文化中的宝藏,都是人类借以充分地表述自己以及向人们开拓迈向真理的新途径"。"教会尤其要生活在世界之中","倾听、分析和解释这时代的各种理论,同各民族所有不同文化进行活生生的交流"。"应当彻底认识他们通过其文化所表现的思想方法,应当把新的学说、见解、发明同基督教的伦理、教义和教育联结起来。""这种结合人类文化而宣讲启示真理的做法,应当继续作为宣扬福音的定律"等。由此看来,教会依然需要基督教哲学。但是,会议没有对托马斯·阿奎那的哲学作出任何决定,会议文件中也只字不提托马斯哲学,只是写道:"教会要尝试以各民族的观念和语言去宣传福音,目的是尽可能地结合人们的理解能力,适应哲学家的要求。"看来,基督教会所需要的不只是哪一种哲学,托马斯·阿奎那的神学哲学已不再是基督教会的官方哲学了。

这种情况并非偶然,其实人们早已发现托马斯主义不再适应时代和社会发展的要求了。如一位著名的哲学家委婉地说,托马斯·阿奎那大胆革新早期经院哲学,提出了一整套独特的学说,挽救了当时基督教的危机。但是,"如果有人认为,由某一思想家或某些思想家的思考所完成的工作,就是一劳永逸的只需往下传的永恒哲学,其实压根没有这种哲学"。"老实说,这个工作必须由每一位哲学家自己从头做起。""一个人不能只靠学习托马斯,或任何一个人所宣讲的命题,就可以成为一名哲学家。"他告诫人们:"我们不能回到中世纪去,我们不能回到托马斯那里去。"何况,"托马斯的哲学并不是中世纪唯一的哲学。不用说,它也不是今天唯一的哲学"①。再如,新托马斯主义者汪·斯蒂贝根 1956 年在他的《托马斯主义的远景》一文中说:"托马斯主义的未来掌握到我们手中,这是一项艰巨的任务,其艰巨性在于至关重要

---

① 柯布登著,胡安德译:《多码斯思想简介》,台湾闻道出版社 1974 年版,第 289、291 页。

的哲学更新。""为了丰富托马斯主义,必须同各种科学的发展和各种哲学的发展保持活生生的和持久的联系。""无可否认,这个计划是何等繁重……但愿我们组成若干小组,尽可能地有组织地分工,以便各自在自己的领域里清醒地把握自己要达到的目的和成功的条件。"①

1980年,教皇约翰·保罗在第八届托马斯大会上致闭幕词说:"托马斯的哲学和神学看来不能满足时代的需要,例如对于特殊的组织体系和重大事物,在引用圣托马斯所提出的一些主要原理以及涉及其形而上学基础时,也许要做一些修正。""特别在社会领域里,当前人们面临十分尖锐而急迫的问题,在圣托马斯那里存在着许多空白,亟须加以补充。"

根据教廷会议的决议和旨意,面临基督教危机和当前形势,教会中的有识之士们在近20多年来,遵循"现代化"的方针,改变了以往那种唯我独尊、排斥异己的立场,开始了广泛的社会交往。他们提出不再"被任何个别文化或经济社会体系所束缚",不论是社会主义国家还是资本主义世界,"无论人们有无信仰,都应该有助于建设人人共同生活的世界"。② 在探讨基督教哲学的思维中,目前有两种较为突出的观点:崇尚神学思维和维护哲学思维。

(1)关于神学思维。

主张神学思维的人,其主要观点是:神学在现实中,公正的神要求人们有公正的生活,因而,宗教信仰要体现现实生活,信徒们要遵照神赋予的使命,去实现公正的社会。他们认为,社会是不断向前发展的,哲学总是围绕着老问题,一味地进行抽象思维,很少顾及社会现实生活,因而成了少数人欣赏的一种摆设。人的智慧不一定必须依靠哲学,也可以从信仰中汲取。他们提出,教徒"不仅是天国的人民,而且

---

① 卢汶:《卢汶哲学评论》,1956年第2期。
② 《梵蒂冈第二届大会会议文献》,台北天主教教务协进会出版社1988年版,第43—44页。

也是现世的国民",要把《圣经》信条同现实生活结合起来进行信仰反思,神学就是信仰反思的结果。所以,神学是信徒实际斗争经验的反映,它既有神的内容——培养人们的内心生活,充实精神世界;又有人类社会实践的意义——注重社会实践,付诸具体行动。于是,他们提出了"解放神学"、"发展神学"、"妇女神学"、"黑人神学"等。

"解放神学"在20世纪七八十年代拉丁美洲的一些经济不发达地区最为流行。"解放神学"在20世纪50年代以前叫"发展神学",它关注拉丁美洲地区的贫穷、落后、被剥削、被掠夺和附庸地位,又根据落后地区被称为发展中地区而取名。后来,他们发现"解放"一词被富裕的资本主义国家利用了,这些富裕国家以帮助落后地区发展为名,从多方面进行"支援",结果落后的国家几乎变成了附属国和奴隶。于是,他们仿效马克思主义关于解放全人类的学说,改为"解放神学"。"解放神学"不是致力于论证上帝的存在及其性质,也不是像传统神学那样采用刻板的哲学模式,而是从本地区人们活生生的社会实际出发,通过分析社会、反对压迫、实现正义来反映信仰上帝,来说明神学是"非超意识"的、"非超历史"的,是现实的,是具体的,证明"人类彻底解放"与上帝至善天国的一致性。他们分析说,天主教的王国论同马克思主义历史观有些是类似的,争论的核心问题都是关于人的价值,马克思主义所主张的是真正的人本主义,其中的一些见解很值得基督教深思。马克思严厉指责宗教只宣扬来世天国,不关注社会现实,不无道理。他们提出:"马克思主义即使是危险的,但并非如此毫无用处","它对于了解社会现实,特别是关于社会现实的、贫穷和斗争的成败问题,是有用的"。[①] 他们还分析说,宗教信仰不是要人们逃避社会现实,也不是要人们不食人间烟火,虔诚的教徒既然信仰上帝及其天国,就要关注穷人的生活处境,关心人类的命运,就要反对一切非正

---

① 古铁雷斯:《解放神学》,布鲁塞尔1974年版,第50页。

义,谋求公正秩序,改革不合理的生存条件。因为宗教信仰有机地融合在生活中。因而,上帝至美至善的天国始于足下,反压迫反剥削是上帝拯救人类工程的现实要求。没有人类解放的事实,也就没有上帝王国的实现。

"民众神学"在东西亚地区比较流行。"民众神学"既体现着中世纪基督教哲学的思维模式,又参照了"解放神学"的思想,试图根据本地区的情况,建立符合本地区民众特点、具有本地区思想文化特点的神学体系。这种神学同"解放神学"相比,略显一些保守。

"黑人神学"主要流行于非洲。非洲的宗教成分比较复杂,那里有来自欧洲、美洲、亚洲的传教士,但最多是波兰派去的传教士。这些传教士带去了各自的宗教模式,使得非洲的神学思想庞杂不一。如果说其独特之处,那就是非洲教会人士不赞成非洲基督教化,而主张基督教非洲化。即他们不主张按照传统的神学改造非洲宗教,而是按照非洲的特点建立神学体系。所以叫"黑人神学"或称"非洲神学"。这种特点,是由于外来宗教势力较多,而且不够统一,非洲神职人员无法选用某一种模式,只有立足于建立自己的神学。

北美的神学,则侧重于心理的研究和分析,通过体悟内心活动与上帝旨意是否符合,来衡量和增进对上帝的信仰。北美的神学也关注社会活动,在一个时期相当活跃。

(2)关于哲学思维。

哲学思维作为基督教哲学"现代化"进程中的一股潮流,它并不损害信仰,而是要让哲学为神学和信仰发挥作用。他们认为,哲学是很有价值的,是一种很好的知识,教会历来都是用哲学论证和宣讲信仰,从而卓有成效地创建了神学哲学体系,有力地捍卫了宗教信仰。特别是当前在神学信仰受到责难的时候,不能排斥哲学。在宣讲和论证信仰时,不能只用神学语言,必须运用最精确的哲学语言这个工具。他们认为,基督教并没有拥有全部真理,所以要全面开放,对一切新发现、新观点、新学说,都要吸收和利用。特别是在哲学方面,不仅要吸纳同神学一致的学说,而且要分析和借鉴一切哲学观点,以使基督教神学不断充实、提高、发展和完善。事实也是如此,他们不仅研究近代笛卡尔、康德、黑格尔的哲学思想,也分析和研究胡塞尔、海德格尔、萨特等的哲学理论来论证神学信仰。

例如,有的说黑格尔的理性思辨学说同托马斯的理智主义理论极为相似,黑格尔的"绝对观念"与基督教的"上帝"有同样的本质和作用,因而黑格尔思想与托马斯主义有血缘关系;新托马斯主义的发源地之一的卢汶大学哲学系收藏着胡塞尔的全部遗稿,设有国际性的研究中心,认为胡塞尔现象学把事物的本质和人的意识联系起来,建立了主体、客体相关联的认识论,使思想和存在达到了不可分的高度,为托马斯主义补充了新的理论根据;有的人把以往教会极力反对的康德的"先验方法",运用到人的存在的整个人生经验上,用到宗教经验上,把康德的学说同托马斯主义进行了多方面比较,发现了不少相似之处,因而提出,不妨把托马斯主义叫做"先验的托马斯主义",等等。

当代坚持哲学思维观点的神学哲学家们尤其注重研究存在主义,认为,存在主义与托马斯主义虽然在形式上有所不同,但二者之间在实质上没有什么鸿沟,二者都可以叫做"有神的存在主义"。德国的卡尔·拉纳1934年读哲学博士时是存在主义大师海德格尔的研究生,深受老师的影响。他指出,海德格尔通过对人类存在的现象分析,揭示了人的有限性,由于人的有限性产生恐惧和渴望等,又由于恐惧和渴望等情绪使有限的人无法抗拒绝对者。他认为,海德格尔的这一论证同经院哲学关于如果人的心不安息在上帝那里就时刻不会安宁的观点是异曲同工的。海德格尔虽然没有明确提出人与上帝的关系,但是他的重要概念"存在"是绝对的,是极其活跃和致力于无限超越的。这显然是对上帝这个无限绝对存在的肯定。他们之中也有人指出,雅斯贝尔斯肯定人的存在是宇宙存在和上帝存在的核心,是沟通宇宙和上帝的桥梁,虽然人的存在是有限的,是受种种制约的,但是人的本质中力求永恒、享受无限,蕴含着一种超越,所以雅斯贝尔斯的存在主义与神学也相差无几了。他们之中还有人指出,马塞尔把人看成是旅客,从可知的世界走向未知的世界,因而人生处于孤独与荒谬中,可是人又不甘愿孤独,内心里总是向绝对者发出"我需要你"的呼唤,人一旦渴望绝对者,就会达到存在的归宿,由此说来马塞尔的存在主义与基督教的思想又符合了。总之,这些主张哲学思维的人,无一不在反复论证自我的有限存在和绝对的无限存在,他们都认为存在主义哲学与基督教信仰的结论是一样的。

无论是神学思维主张的宗教体现现实生活,还是哲学思维主张的信仰利用哲学,都是梵蒂冈第二次大会"现代化"方针的具体体现。他们都不再闭门自悟、故步自封、排斥异己,而是开始了全面开放、广泛接触社会现实生活,博采现代社会各种思潮之长,为了信仰吸取和同化一切有益的东西,为了教会而更新托马斯学说,重建基督教哲学。在众多的探索者中,可以说布鲁林托马斯主义是佼佼者。

布鲁林大学,自19世纪末就讲授曼西埃编的新经院哲学教程,到了20世纪中叶,大学老师们发现这种教材已不适应现世的需要,改用马里坦和吉尔松的新托马斯主义的论著为大学的哲学基本教材。之后,随着社会思想的迅速发展,教师们又发挥自己的才智,吸收当代思想家们的合理学说,创造性地发展了托马斯主义哲学。这种发展了的托马斯主义哲学,现在已经汇编了包括认识论、人性论、形而上学、伦理学、社会伦理、家庭伦理、医学伦理、宗教心理学、现代哲学等在内的共15卷,为教会的现代化作出了卓越贡献。美国的新托马斯主义者赖思高说,"自从梵蒂冈第二届大会会议以来,托马斯的学说几乎在全世界默默无闻的时候,唯独在波兰却朝气蓬勃、欣欣向荣。由于沃伊蒂瓦登上教皇宝座,更名为约翰·保罗二世,西方学者才发现布鲁林托马斯主义乃是一种新型的基督教哲学"①。约翰·保罗在布鲁林大学任伦理学教授,主要讲授哲学,达 24 年之久。他的巨著《人是行为的主宰》,用现象学的方法探讨经院哲学的论题,以人格为主导,把人类行为的所有范畴全部包括在人类现实的定义中,创立了活跃的能动性的人格存在主义理论。鲁布林大学校长克拉皮教授在论证人的存在时突出意向性,强调人的意志自主和主导作用,这种意向性付诸行动,自我才体现为真正的人。他由此推断,只有把死亡理解为上帝给予的一种至上的礼物时,人生才有意义。鲁布林大学的教授们尤其重视社会学,认为,人是一种社会存在,人类学应该包括社会学。他们在坚持托马斯主义的同时,面向社会实际,不仅同马克思主义者对话,认为马克思主义是有益的,而且同无神论者对话,认为无神论清除了宗教神学中的某些垃圾。由此可见,鲁布林大学从校长到教授们"既富有承上启下、推陈出新的创造性,又具有融会贯通、集其大成的综合性特长"。"他们不仅不受形而上学的限制,而且还开辟了圣托马斯形而上学的新天地。""在波兰,托马斯·阿奎那的哲学,不仅生气勃勃,而且推陈出新,不断提出新的见解。"②鲁布林托马斯主义是一种符合潮流的基督教哲学。

目前,波兰全国 24 座修道院都讲授鲁布林大学的托马斯主义,"波兰天主教呈现一派繁荣的景象,远胜于目前西欧和北美各地教会"。"波兰教堂人满为患","各修道院的入学人数已达到了饱和点"。"目前,波兰籍的神父,人数之多,已超过本国的实际需要,使波兰教会有能力向国外派遣神父,到国外其他地区去服务",而"在美国,修道院人去楼空……成千上万'斗劲冲天'的修女出会还俗。整个形势暮气沉沉,病态百出"。"波兰教会精神状态如此奋发,关键在于这种新型

---

① 傅乐安:《托马斯·阿奎那传》,河北人民出版社 1997 年版,第 220 页。

② 傅乐安:《托马斯·阿奎那传》,河北人民出版社 1997 年版,第 222、223 页。

的基督教哲学,在于波兰全国 24 座修道院讲授这种新型的基督教哲学。"①

美国新托马斯主义者赖思高极力主张鲁布林托马斯主义成为托马斯学说的改革方向,并且成为基督教的统一哲学,在全世界范围内全面展开。目前,罗马教廷还没有规定某一哲学为基督教的正统哲学,人们也尚未猜测到某一种哲学能够成为全世界的统一哲学。今后,能否有其他形式的托马斯主义成为统一的基督教哲学? 假如这种哲学能够出现,又能持续多久? 人们将拭目以待。

---

① 傅乐安:《托马斯·阿奎那传》,河北人民出版社 1997 年版,第 223、224 页。

附录一　参考书目

傅乐安著.托马斯·阿奎那传.石家庄:河北人民出版社,1997.

傅乐安著.托马斯·阿奎那基督教哲学.上海:上海人民出版社,1990.

[英]安东尼·肯尼著,黄勇译.阿奎那.北京:中国社会科学院出版社,1987.

易杰雄主编.世界十大思想家.合肥:安徽人民出版社,1990.

易杰雄主编.神光沐浴下的文化再生.北京:华夏出版社,2000.

马清槐译.阿奎那政治著作选.北京:商务印书馆,1963.

全国22所师范院校编著.西方哲学名著介绍.上海:华东师范大学出版社,1988.

傅永军主编.著名思想家幽默趣谈.济南:泰山出版社,1997.

全增嘏主编.西方哲学史(下).上海:上海人民出版社,1985.

齐涛主编.世界通史教程(古代卷).济南:山东大学出版社,1999.

叶秀山,傅乐安编.西方著名哲学家评传(第二卷).济南:山东人民出版社,1984.

赵敦华著.基督教哲学1500年.北京:人民出版社,1994.

附录二　大事年表

1224

1224 年末或 1225 年初,托马斯·阿奎那生于那不勒斯附近的洛卡塞卡城堡。

1230

刚满 5 岁的托马斯被父亲送进蒙特·卡西诺隐修院。

1239

弗里德里希二世被指责为异端,被教皇格雷高里九世开除教籍,隐修院随之解散。托马斯也只得离开。进那不勒斯大学学习,至 1243 年。

1244

入天主教托钵修会——多米尼克会。

5 月　多米尼克修会会长为了避免冲突,计划把托马斯转移到巴黎大学去学习。途中,托马斯的母亲安排两个在皇家军队服役的儿子把他拦住,押送回家,再也不准托马斯与多米尼克僧发生任何联系。

1245

年底,托马斯赴巴黎大学,拜大阿尔伯特为师。

1248

大阿尔伯特奉命到科隆主办多米尼克修会的神学研究,他把托马斯带在身边,让其参加注释亚里士多德的著作,汇编百科全书和编写大学教材等多种工作。

1250

托马斯升为神父。

1252

大阿尔伯特开始相信,托马斯已经学到了他必须教给他的一切哲学和神学理论,已有资格从事高级研究了。

夏季,大阿尔伯特向巴黎大学推荐托马斯为助教。托马斯重返巴黎大学,作挽救经院哲学危机的尝试。

1255

在1255—1256学年中,托马斯被允许继续攻读硕士学位,并主持神学讲座。

1256

托马斯开始以神学博士这一最高荣誉资格进行讲授。

1257

被教皇委任为巴黎大学神学教授,独立主持神学讲座。

1259

这年春天,一位英国多米尼克会员阿尔顿的威廉接替了托马斯的神学讲座。不久,托马斯便离开巴黎,到了意大利。

这一年,教皇亚历山大四世委任托马斯为罗马教廷神学顾问,即最高的学术和理论权威,直至1268年的10年间,一直为历届教皇所器重,任乌尔班四世、克莱门四世等教皇的顾问。

1264

第一部论著《反异教徒大全》在意大利正式完成。

1265

开始编写巨著《神学大全》。

1269

托马斯奉命再次赴巴黎大学任教,投身于中世纪哲学史上著名的

"巴黎大论战"。

1270

教廷最终正式宣布阿威罗伊主义为异端,托马斯在大论战中获得了胜利。

1272

这年春天,托马斯离开巴黎,去多米尼克会在佛罗伦萨的最高机构供职。在那里,他奉命为意大利的多米尼克会成员建立一个新的神学研究院。

1273

12月6日　作弥撒时,他获得了一个神秘的体验,有人说这是一种洞见,也有人说这是一场精神的崩溃。托马斯对别人的追问截然回答说:"我再也不能写了。"

1274

年初,托马斯作为希腊神学的专家,被召出席在里昂召开的教会理事会全体会议,途中因身体极度不适,不得不在福萨诺瓦附近的侄女家里停下。

3月7日　在西斯特西安修道院去世,终年49岁。

附录三　著作目录

《彼得·伦巴德〈箴言四书〉注释》(1254—1256)。

《论真理》(1256—1259)。

《问题论丛》(辩论会记录汇编)两集,(1256—1259,1269—1272)。

《反异教徒大全》(1258—1264)。

《论潜能》(1259—1268)。

《神学大全》(1265—1273)。